ESSAI

SUR

LA QUESTION DE L'ORIGINALITÉ DE GIL BLAS,

OU

NOUVELLES OBSERVATIONS CRITIQUES SUR CE ROMAN

PAR

CHARLES FRÉDÉRIC FRANCESON

PROFESSEUR A L'UNIVERSITÉ DE BERLIN, AUTEUR D'UN ESSAI SUR
HOMÈRE ETC.

ESSAI

SUR

LA QUESTION DE L'ORIGINALITÉ DE GIL BLAS,

OU

NOUVELLES OBSERVATIONS CRITIQUES SUR CE ROMAN

PAR

CHARLES FRÉDÉRIC FRANCESON

PROFESSEUR À L'UNIVERSITÉ DE BERLIN, AUTEUR D'UN ESSAI SUR
HOMÈRE ETC.

LEIPSIC,

FRÉDÉRIC FLEISCHER.

1857.

NOUVELLES OBSERVATIONS CRITIQUES SUR LE ROMAN DE GIL BLAS.

I

Après le paradoxe fameux et justement décrié du Père Hardouin, de chimérique mémoire, qui rêva comme on sait, et prétendit prouver que plusieurs des principaux ouvrages de Cicéron, de Virgile, d'Horace, d'Ovide ne sont pas de ces auteurs, auxquels on les a faussement attribués, mais ont été forgés et supposés par des moines du moyen âge, l'histoire entière de la littérature n'offre point d'exemple d'une assertion aussi hardie, à la fois et aussi gratuite, que celle qui a été avancée sur le roman de Gil Blas par le Père Isla, auteur de la traduction espagnole de cet ouvrage. Ce jésuite, connu d'ailleurs par son roman satirique de *Fray Gérundio* (Frère Gérondif) qui a eu de la vogue en Espagne et y est encore estimé, soutient dans la préface de sa traduction de Gil Blas, non seulement que cet ouvrage n'est qu'une imitation d'un genre particulier de romans, inventé par les Espagnols, et cultivé longtemps auparavant par eux seuls; non seulement que Le Sage a pris dans les auteurs de cette nation le fond et la fable de son roman, et tout ce qui a rapport à l'histoire, à la topographie, aux moeurs et aux usages du pays où il en a placé la scène; non enfin, (ce que nous allons prouver nous-même) que l'auteur français a emprunté à tel ou à tel autre ouvrage espagnol des épisodes et des parties entières de son roman, en leur faisant subir les changemens et les modifications qu'exigeäient le goût de sa nation et l'esprit de son siècle, ainsi que le plan et la nature de son propre ouvrage; le Père Isla va bien plus loin. Il prétend que Le Sage a été en possession d'un manuscrit espagnol inédit, et que le roman de Gil Blas, lui-même, tel que nous l'avons, n'est qu'une simple traduction de ce prétendu manuscrit, sauf quelques légers changemens que l'auteur français a pu y faire; de manière que lui (Isla) n'a fait que retraduire, à peu près, dans la langue primitive un ouvrage originairement espagnol, et rendre à sa patrie un bien qui lui appartient, et qu'on lui avait enlevé (1).

Voilà, sans doute, un fait fort curieux et peut-être unique dans l'histoire de la littérature, s'il suffisait d'une simple assertion, avancée avec un haut degré d'assurance, mais entièrement dénuée des preuves, pour établir la vérité d'un fait. Or celui, que le Père Isla s'est imaginé avoir prouvé, et qu'il s'est efforcé de faire admettre comme un fait certain, n'est absolument qu'une supposition, et une supposition toute gratuite, toute chimérique, puisqu'elle n'est appuyée sur aucune preuve, sur aucune donnée historique. Le Père Isla part de la supposition, qu'il a été impossible à un étranger de faire un tableau aussi fidèle, aussi exact dans ses moindres détails de l'Espagne, de son histoire, de sa topographie, des moeurs et des coutumes de ses habitans, que celui qu'on trouve dans

---

(1) D'après cette étrange supposition il a donné à sa traduction le titre suivant: Aventuras de *Gil Blas de Santillana*, *robadas á España y adoptadas en Francia por M. Le Sage; restituidas á su patria y á su lengua nativa*, c'est-à-dire: Aventures de Gil Blas etc. volées à l'Espagne et adoptées en France par M. Le Sage; rendues à leur patrie et à leur langue originaire etc.

le roman français, et ce fait, il prétend qu'on ne peut l'expliquer que par l'existence d'un manuscrit espagnol, copié et
traduit par l'auteur français. Il suppose ensuite, non seulement
sans la moindre preuve, mais même contre toute vraisemblance, un voyage de Le Sage en Espagne, où il aurait fait
l'acquisition du prétendu manuscrit. Et toutes ces suppositions le Père Isla ne les appuie d'autres preuves, que d'une
prétendue tradition, d'après laquelle ce manuscrit aurait couru
secrètement et comme écrit anonyme, de main en main, entre
un petit nombre de curieux, dès la fin du dix-septième ou le
commencement du dix-huitième siècle; tradition dont personne n'a jamais parlé, excepté lui, et dont it dit, lui-même,
qu'il n'en avait pas des témoignages bien respectables, et que
chacun pouvait en croire ce que bon lui semblerait.

Longtemps avant que le jésuite espagnol eût mis au jour
son étrange paradoxe, quelques auteurs français, et parmi eux
on compte Voltaire(1), avaient élevé des doutes sur l'orginalité
de Gil Blas, en avançant que Le Sage a pris son roman, soit
en partie soit en entier, d'ouvrages espagnols, du même genre.
Mais ces auteurs n'avaient pas donné de preuves d'une assertion, qu'ils se contentent de présenter sous une forme vague
et générale; ils avaient songé encore moins à faire connaître
la nature et l'étendue de la prétendue imitation, ni à indiquer
les rapports et les proportions qui existent entre cette imitation et les ouvrages imités. Le Père Isla, de son côté, n'a pas
fourni ces preuves; au lieu de faire l'histoire de la manière
dont Le Sage aurait imité les auteurs de sa nation, il s'est
contenté de forger une fable ridicule et dénuée de tout fondement, de toute apparence de vérité. Il est même probable
que ce sont ces assertions d'écrivains français, dirigées contre
le titre d'originalité d'un des chefs-d'oeuvre de la littérature

(1) Siècle de Louis XIV ; Article Le Sage dans la liste des écrivains
du siècle.

française, d'un ouvrage qu'on met presque à côté de Don
Quichote, dont il partage la réputation dans le monde littéraire, que ce sont ces assertions, dis-je, qui ont fait naître et
ont provoqué, en quelque sorte, le paradoxe du jésuite
espagnol. Si dans ses efforts pour établir ce paradoxe, il est
allé plus loin encore que les écrivains en question, s'il en est
venu jusqu'à prendre et à donner pour des réalités ses propres imaginations, il faut l'attribuer à son désir de revendi-
quer pour la littérature de son pays, ou comme il s'exprime,
de lui restituer un ouvrage si universellement estimé, et qui
par son contenu et sa forme, semble lui appartenir en effet.

Cette accusation de plagiat, si peu fondée et si déraison-
nable, intentée contre Le Sage par des auteurs espagnols, le
Père Isla et après lui Llorente, est au reste le plus magnifique
hommage qu'on ait jamais rendu, involontairement rendu, il
est vrai, à un auteur, à cause des preuves mêmes, sur lesquelles on s'efforce de l'établir.

Mais me demandera-t-on ici : à quoi faut-il s'en tenir
sur ce que des auteurs français ont les premiers avancé contre un écrivain de leur nation? Réduites à leur juste valeur,
les assertions de ces auteurs, quoique vagues et générales,
sont fondées sans doute. La suite de cet Essai fera connaître
quelle est cette valeur précise, et à quoi se réduisent les re-
proches d'un manque d'originalité, qu'on a faits au roman de
Gil Blas. On y trouvera indiqué avec exactitude et étendue,
et établi par des documens authentiques, par des pièces originales tout ce que ou une grande partie de ce que Le Sage
a emprunté à des auteurs, soit espagnols soit autres, et par
là on sera mis à même de juger de la manière dont il a imité
ce qu'il a pris chez eux.

Le paradoxe littéraire du Père Isla, par la raison, sans
doute, que l'étude de la langue et de la littérature espagnole
était moins généralement répandue, vers la fin du dix-huitième

siècle, que celle des autres langues et littératures modernes, comparativement à ce qu'elle avait été dans le siècle précédent, le paradoxe du Père Isla, disons-nous, resta longtemps obscur et presque entièrement ignoré, si l'on excepte le pays qui le vit naître. En France, même, il semble n'avoir été connu que d'un très petit nombre de littérateurs de profession ; le reste du monde savant, ou l'ignora absolument, ou n'y fit aucune attention et le passa sous silence.

Les événemens mémorables, arrivés en Espagne au commencement de ce siècle, d'un côté, et de l'autre une poétique nouvelle, née à peu près dans le même temps en Allemagne, sous le nom de *romantisme* ou de *poésie romantique* (1), et qui prenait dans la littérature de ce pays ses principaux modèles, firent prendre un nouvel essor, donnèrent une plus grande activité à l'étude de l'espagnol. On rechercha avec plus de soin les productions de la littérature de ce pays, on les étudia avec une nouvelle ardeur, et plusieurs idées qui étaient nées au-delà des Pyrénées eurent de nouveau cours dans le reste de l'Europe. C'est ainsi que l'opinion, émise par le Père Isla sur le roman de Gil Blas, fut reproduite aussi en France plus de trente ans après sa naissance, et dans un temps où

(1) C'est de la première école *romantique*, de celle qui créa le système et le nom (circonstances qu'on semble ignorer assez généralement en France) qu'il s'agit ici. Cette école, à la tête de laquelle se trouvaient les deux Schlegel, Tieck, Novalis et d'autres, naquit en Allemagne dans les dernières années du siècle passé, et elle exerça une grande influence sur la littérature de ce pays jusque vers l'année 1808, où la lutte sourde contre Napoléon commença. Depuis et pendant la guerre contre la France elle fut négligée, et bientôt on en reconnut les erreurs et les exagérations ; son crédit déchut et elle n'exerça plus la dictature littéraire dont elle s'était emparée. Cette école romantique est donc bien différente, et par le temps et aussi par l'esprit, de cette autre école romantique, qui, renouvelée d'elle, naquit en France pendant la restauration ; plus féconde en idées neuves, originales et vraies, dont beaucoup sont restées, elle était peut-être plus excentrique encore, et surtout plus exclusive que celle-ci.

elle semblait avoir été entièrement oubliée. Les auteurs de la *Biographie universelle* (Article *Isla*) en parlèrent, je crois, les premiers, et en la reproduisant ils semblent l'admettre pour le fond. Le savant M. Barbier, ancien bibliothécaire de la Bibliothèque royale de Paris, la combat en peu de mots dans l'ouvrage utile, destiné à rectifier plusieurs articles de la Biographie universelle, en renvoyant le lecteur, pour un plus ample informé, à une réfutation plus étendue de la même opinion, écrite par le comte François de Neufchâteau. Cette dernière, en forme de mémoire, fut lue par le comte dans une séance de l'académie française, en l'an 1818, et parut un an après sous le titre d'*Examen de la question de savoir si Le Sage est l'auteur de Gil Blas ou s'il l'a pris de l'espagnol.* La nouvelle édition de Gil Blas, publiée à Paris en 1820 par le libraire Crapelet, est enrichie de notes par le comte François de Neufchâteau, destinées par ce savant littérateur à servir de supplément à son *Examen* etc., et à établir l'opinion que le roman de Gil Blas est véritablement un ouvrage original.

Enfin M. Llorente, savant Espagnol vivant alors à Paris, et célèbre par plusieurs ouvrages, surtout par son *Histoire critique de l'Inquisition*, se présenta dans la lice, et il y parut pour soutenir une opinion, entièrement opposée à celle du comte François de Neufchâteau. Il composa un ouvrage en forme de mémoire, dans lequel il entreprit de prouver que le roman de Gil Blas doit être considéré, *dans son entier*, comme une production de la littérature espagnole, et comme telle il la revendique pour son pays. Cet ouvrage il le présenta, dit-il lui-même (1), à l'académie française, par l'intermédiaire de M. Lemontey et avec une lettre, datée du 20 Mai 1820. L'académie, continue M. Llorente, nomma une commission, composée de Mrs. François de Neufchâteau, Ray-

---

(1) Voir la préface de ses *Observations critiques* etc.

nouard et Lemontey, qu'elle chargea d'examiner le mémoire et de lui en faire un rapport. On ne nous dit point si ce rapport fut fait; mais dix-huit mois après, le 10 Janvier 1822, le comte François de Neufchâteau lut à l'académie un nouveau mémoire, destiné à servir de réponse à l'écrit, présenté par M. Llorente, et qui fut publié la même année sous ce titre : *Examen du nouveau système sur l'auteur de Gil Blas ou réponse aux Observations critiques de M. Llorente.* Ce fut alors que M. Llorente crut devoir, de son côté, faire parvenir à la connaissance du public, au jugement duquel il en appelle, ce nouveau système qu'il avait conçu; et la même année de 1822, il publia ses *Observations critiques sur le roman de Gil Blas, par J. A. Llorente.* Cet ouvrage de M. Llorente est donc le dernier écrit, qui a paru jusqu'ici sur cette question intéressante. On ne sait pas, au juste, jusqu'à quel point il est différent du mémoire, qu'il avait présenté précédemment à l'académie française; mais il est sûr qu'il en diffère, puisqu'il contient une réfutation de l'*Examen du nouveau système sur l'auteur de Gil Blas*, par le comte François de Neufchâteau, lequel fut écrit, comme on a vu, en réponse au mémoire, présenté à l'académie par M. Llorente. Quoi qu'il en soit, le dernier ouvrage de M. Llorente est écrit en français, comme le mémoire qui l'avait précédé, mais dans un français fort étrange; il est d'une grande étendue, de 300 pages à peu près.

L'opinion, ou le système de Llorente sur l'auteur de Gil Blas est au fond le même que celui que le Père Isla avait imaginé précédemment à ce sujet; ou plutôt c'en est une simple variante, présentée avec plus d'adresse, adresse de dialecticien sophiste (à commencer par ce titre de *système*), appuyée sur des raisons plus spécieuses, et surtout discutée plus longuement et avec un grand appareil d'érudition. Comme le jésuite, son compatriote, M. Llorente part de la supposition, qu'il a dû être impossible à un étranger d'être instruit tellement en détail et si exactement des localités, de toute espèce, du pays où il a placé la scène de son roman ; et il n'explique pas ce phénomène, si c'en est un, par une étude plus longue et plus approfondie que l'auteur étranger aurait pu avoir faite de ces localités, ce qui était pourtant l'explication la plus simple et la plus naturelle. Il ne se contente même pas de soutenir, que l'ouvrage français est une imitation servile, une copie d'ouvrages espagnols du même genre, en un mot rien qu'un pastiche; ou bien même qu'il se compose d'épisodes et de parties entières, pris dans ces ouvrages, de manière qu'il ne serait qu'une espèce de *centon*, formé de divers fragmens de nouvelles et de romans espagnols. Tout cela ne lui suffit pas ; il a fallu à Llorente, ainsi qu'au Père Isla, un auteur espagnol qui a composé Gil Blas dans *son entier*, et tel, à peu près, que nous le lisons en français, et Le Sage, lui-même, n'est qu'un simple traducteur, plagiaire au surplus, et qui n'aurait d'autre mérite que celui d'avoir accommodé un peu au génie de sa nation et à l'esprit de son siècle sa traduction d'un original espagnol. Mais comme il n'existe point de livre espagnol imprimé qui renferme le roman de Gil Blas, il a fallu avoir recours à un prétendu manuscrit, composé par cet auteur inconnu, et resté inédit jusqu'à Le Sage, qui le publia en français, comme s'exprime Llorente. Car je suis bien persuadé, que l'idée de supposer un pareil manuscrit n'est venue d'abord au Père Isla et n'a été adoptée ensuite par Llorente (préoccupés comme ils l'étaient, l'un et l'autre, de la pensée que Le Sage, de même qu'il a imité des Espagnols tant d'autres de ses ouvrages, doit avoir pris aussi chez eux son chef d'oeuvre) que cette idée, dis-je, ne leur est venue que parceque la littérature espagnole imprimée ne leur offrait aucun ouvrage, dont on pût dire que l'auteur français en a imité son Gil Blas, comme il nous a donné dans le Diable boiteux, le Bachelier de Salamanque,

Guzman d'Alfarache, Estevanille Gonzalès, et dans quelques-
unes de ses comédies, des imitations ou même des traductions,
très libres à la vérité, d'originaux espagnols très connus.

Ce n'est que dans le récit de la manière dont Le Sage
serait parvenu à la possession de ce manuscrit, que Llorente
diffère de son prédécesseur Isla ; sans que pour cela son récit
soit fondé sur autre chose, que sur de simples suppositions, sans
qu'il ait pu fournir la moindre preuve de l'existence réelle de
ce prétendu manuscrit, ou seulement alléguer la plus légère
notice qui s'en trouverait quelque part, une simple mention
qui en aurait été faite par quelque auteur, soit contemporain
soit postérieur. Dans le système de Llorente ce n'est pas,
comme le suppose le Père Isla, dans un voyage qu'il aurait
fait en Espagne, que Le Sage s'est procuré le manuscrit en
question (Llorente avoue, lui-même, qu'une telle supposition
est non seulement dénuée de toute preuve, mais qu'elle pèche
même contre toute vraisemblance) ; c'est d'une manière bien
différente et beaucoup plus simple, que l'auteur français est
parvenu à posséder ce manuscrit. Le Sage avait trouvé, dit
Llorente, un protecteur et un ami dans l'abbé Jules de
Lionne, homme fort savant et grand amateur de la langue et
de la littérature espagnole, qu'il possédait parfaitement et qu'il
enseigna à son ami. Le père de l'abbé, Marquis de Lionne,
avait été envoyé en Espagne par Louis XIV avec une mission
secrète, vers l'époque de la paix des Pyrénées et du mariage
de ce prince avec Marie-Thérèse, fille de Philippe IV, roi
d'Espagne. Pendant son séjour dans ce pays le marquis, qui
(à ce que Llorente nous assure) aimait beaucoup la lecture
des pièces de théâtre et des romans, achèta non seulement ce
qu'il y avait d'imprimé dans ce genre en Espagne, mais encore un grand nombre de manuscrits, et parmi ces derniers
le manuscrit espagnol de Gil Blas. Après la mort du marquis, sa bibliothèque, et par conséquent aussi le manuscrit,

en question, passèrent à son fils, l'abbé Jules de Lionne, qui permit, tant qu'il vécut, l'usage de la bibliothèque à son ami Le Sage, et lui légua à sa mort le manuscrit de Gil Blas avec le reste des manuscrits.

Après avoir rapporté tous ces faits dont au reste le fond est historique, et par conséquent vrai, jusqu'aux faits, seuls essentiels pour la question, c'est-à-dire le prétendu achat du manuscrit par le marquis de Lionne et l'héritage que Le Sage en aurait fait, qui sont une pure invention de Llorente, après avoir raconté, disons-nous, tous ces faits ou, pour nous servir de ses expressions, après avoir fait ainsi, *telle qu'il la conçoit*, l'histoire du prétendu manuscrit et de la manière, dont il suppose qu'il est parvenu à Le Sage (1), Llorente se met à chercher, et s'épuise de nouveau en suppositions et conjectures, pour en découvrir et en faire connaître l'auteur. Pour cet effet il cite tous les auteurs espagnols, non seulement de romans et de nouvelles, mais en général tous les auteurs du genre comique qui vivaient vers l'an 1655, époque où il prétend que le manuscrit a dû être composé ; et après avoir pesé les droits, examiné les titres, que trente-huit auteurs qu'il nomme et qui tous, selon lui, auraient été plus ou moins capables de faire le manuscrit, c'est-à-dire rien moins que le roman de Gil Blas, lui-même, lui paraissent avoir pour en être désignés comme auteurs, il se décide enfin pour *Don Antonio de Solis y Ribadeneira*, un des écrivains espagnols les plus distingués du dix-septième siècle, et connu surtout en Europe par son Histoire de la conquête du Mexique (2). Mais qu'on se garde bien de croire que cette nouvelle assertion soit plus fondée et moins gratuite que tout le reste, que ce soit autre chose qu'une simple supposition, et qu'en indiquant

(1) Observations critiques sur le roman de Gil Blas de Santillane, par J. A. Llorente, chap. I.

(2) Chap. XII. des Observations critiques etc.

Solis comme auteur du prétendu manuscrit, Llorente en ait moins agi de sa propre et pleine autorité, que la plus légère notice, une simple allégation de la chose dans quelque écrivain contemporain ou postérieur ait pu, je ne dis pas l'autoriser, mais seulement le déterminer à choisir l'auteur qu'il indique, plutôt que tout autre. Il y a plus; loin de mériter l'honneur que lui fait Llorente, Solis y a moins de droits que beaucoup d'autres écrivains espagnols de son temps, puisqu'il n'est auteur d'aucun roman ou nouvelle, imprimés et connus, et qu'il ne passe pas même pour en avoir jamais écrit (1).

Ces faits ainsi posés par lui et regardés comme convenus, Llorente passe outre, et prétend nous instruire du contenu de ce manuscrit inconnu qu'il a créé; il fait plus, il en cite le titre tout au long. Et ici, qui le croirait? c'est Le Sage, lui-même, qu'il appelle à son secours; c'est Le Sage qu'il force à lui fournir des armes, dont il se sert pour l'attaquer et essayer de le dépouiller de la plus belle partie de sa gloire

(1) C'est surtout par sa célèbre Histoire de la conquête du Mexique que Solis est connu hors de l'Espagne; mais il l'est encore dans ce pays même, comme auteur dramatique, et il mérite de l'être de tous ceux qui veulent connaître à fond la littérature espagnole. Il composa un grand nombre de comédies en vers (on n'en faisait point d'autres en Espagne au dix-septième et pendant la plus grande partie du dix-huitième siècle) et de ces drames sacrés, si fort en vogue en Espagne, au dix-septième siècle, et que les Espagnols nomment *Actes sacramentaux* (Autos sacramentales). Il passe avec raison pour un des meilleurs auteurs comiques espagnols du dix-septième siècle. Nicolas Antonio, auteur contemporain, le cite comme tel dans sa *Nouvelle Bibliothèque espagnole*, et ses compatriotes le mettent, sous ce rapport, à côté de Lope de Vega, de Calderon, de Moreto et de Tirso de Molina. Il paraît, au reste, que c'est son talent distingué pour le genre comique et la réputation qu'il s'est acquise par là en Espagne, joints au mérite généralement reconnu de sa prose (quoique le style en soit bien différent de celui de la prose de Le Sage) qui ont déterminé Llorente à lui attribuer le manuscrit, en question.

littéraire. Une des dernières productions de cet auteur fécond
est, comme on sait, le roman du Bachelier de Salamanque ou
Aventures de Don Chérubin de la Ronda. Le Sage nous apprend, lui-même, qu'il a pris *le fond* de ce roman dans un
manuscrit espagnol. — Eh bien, c'est de cet aveu de l'auteur
français, qui est une preuve de sincérité et de probité littéraire, dont Llorente se prévaut pour faire un plagiaire de Le
Sage, et pour bâtir dessus son *sytème* sur l'origine du roman
de Gil Blas! Selon lui, ce manuscrit, dont parle Le Sage, a
été précisément celui qu'il suppose, lui-même, celui qui a eu
Solis pour auteur, lequel Solis, par des raisons, également
supposées par Llorente, n'aurait pas osé le publier dans sa
patrie, celui dont le marquis de Lionne fit l'acquisition pendant son séjour en Espagne et que l'abbé de Lionne, son
fils, légua à Le Sage, enfin celui, qui, selon *le système* de Llorente, doit avoir contenu, à la fois, et le roman du Bachelier
de Salamanque et celui de Gil Blas, moins les épisodes que
Le Sage y ajouta, lorsqu'il le publia, et qu'il prit également
dans des auteurs espagnols. Et par suite de toutes ces belles
suppositions, Llorente, avec l'assurance et du ton d'un
homme, qui aurait le manuscrit sous les yeux, ou qui du moins
serait entièrement sûr de ce qu'il avance, nous en dit le titre,
mot pour mot; et ce titre le voici: *Historia de las aventuras
del Bachiller de Salamanca Don Kerubin de la Ronda*, ce qui,
comme on voit, n'est autre chose qu'une traduction littérale
du titre du roman même de Le Sage (1).

Mais il ne faut pas croire que Llorente ait présenté les
faits, dont se compose son histoire du prétendu manuscrit,
dans l'ordre et la suite dans lesquels on vient de les lire ici:
ce n'est qu'après avoir parcouru les deux tiers de son livre,
qu'on s'aperçoit qu'il *aurait dû* les exposer ainsi, et que s'il ne
l'a pas fait, ce ne peut avoir été que parcequ'il avait besoin

(1) Voir les Observations critiques etc. chap. I. p. 2.

de donner à des suppositions et des conjectures l'apparence
de faits certains et de vérités reconnues. C'est surtout le premier et le douzième chapitre de son ouvrage qu'il faut lire
avec une grande attention, et comparer entre eux, pour voir
clairement ce que c'est proprement que cette prétendue *histoire*
du manuscrit, en question, sur quelles bases elle est fondée,
et à quoi il faut s'en tenir sur son compte. Llorente s'est servi
d'une dialectique bien singulière, à la vérité, mais fort adroite
et tout à fait propre à imposer, et à égarer lecteur. D'abord il
entremêle si souvent et si adroitement les simples suppositions
et les faits certains et connus, les débitant tous également du
même air et avec le même ton d'assurance, qu'il est difficile
qu'un lecteur, qui n'est pas au fait de la chose, ne leur accorde pas à tous également le même degré de croyance. Ensuite il les dispose et les range avec une égale adresse, les
éloignant les uns des autres et plaçant entre eux de longs raisonnemens, souvent inutiles à la chose, et tout faits pour fatiguer et distraire l'attention, de manière qu'il en faut beaucoup et autant de sagacité dans le lecteur pour découvrir l'artifice, pour rapprocher de nouveau ce que l'auteur a pris tant
de soin de séparer, et pour démêler dans son récit ce qui n'est
que simple conjecture ou supposition d'avec ce qui est fait certain et avéré. Cette adresse se fait voir surtout dans le soin que
Llorente a pris de placer à une si grande distance, l'un de l'autre,
le contenu du premier chapitre de son ouvrage et celui du douzième, quoique ces deux chapitres tiennent nécessairement ensemble par le fond, ou plutôt n'en forment qu'un seul. Mais voici
le secret de cette marche singulière, suivie par l'auteur, et l'artifice qu'elle cache. Dès l'entrée de son ouvrage Llorente, en
avertissant le lecteur qu'il va faire *l'histoire* de l'origine du roman
de Gil Blas, *ainsi qu'il la conçoit après y avoir mûrement réfléchi*,
lui demande une permission, qui réduite à des termes simples
signifie à peu près ceci: Permettez-moi de vous conter d'a-

bord, comme un fait certain, cette histoire qui n'est fondée, à la vérité, que sur des suppositions ; vous lui accorderez le degré de croyance qu'elle vous semblera mériter, après que vous aurez vu et pesé l'ensemble des preuves que je donnerai dans la suite ; car c'est la valeur seule de ces preuves, tirées de l'ouvrage même dont j'entreprends de faire l'histoire, qui peut changer et changera indubitablement en certitude ce qui n'est encore que conjecture. Vient ensuite cette histoire qui remplit tout le premier chapitre, mais racontée, non comme simple hypothèse, mais, toujours en attendant les preuves promises par l'auteur, comme le fait le plus certain et le plus avéré, avec tous les détails et en citant, comme on l'a vu, jusqu'au titre du prétendu manuscrit et jusqu'au nom de l'auteur inconnu. Les dix chapitres suivans contiennent ces preuves, promises par l'auteur, et ce n'est que dans le douzième, qui est une suite du premier, qu'on apprend enfin que l'histoire entière du manuscrit racontée dans celui-ci, et jusqu'à son titre et au nom de son auteur, ne sont que des suppositions, et des suppositions toutes gratuites, et imaginées au hazard (1). Maintenant il est facile de voir que le raisonnement de Llorente, ainsi arrangé et masqué par lui, tourne dans le cercle suivant : il établit la certitude de l'existence du manuscrit, qu'il suppose, par certaines preuves, plus ou moins fortes, et il fonde la réalité et la valeur de ces preuves sur l'existence du manuscrit, comme étant déjà admise ; ou, pour le dire tout uniment, il prouve le manuscrit par des preuves, et ces preuves par le manuscrit.

Avant que le livre de Llorente eût paru, et que son nouveau système sur Gil Blas fût connu, j'avais formé la résolution de présenter au public le fruit de mes propres recherches sur le même sujet, parceque ces recherches et celles que j'ai

(1) Voir et comparer entre eux le chapitre I. et le XII. des Observations.

faites depuis, m'ont conduit à des résultats, que ne donnent
point les différens ouvrages, publiés jusqu'à présent sur cette
question intéressante, et qu'en même temps elles font voir la
nullité absolue de l'opinion, avancée si hardiment par le Père
Isla, et la détruisent dans son fondement. Or, comme le
système de Llorente a été bâti sur la même base, c'est-à-dire
sur la supposition de l'existence d'un manuscrit espagnol, dont
Le Sage aurait tiré son roman, ce système aussi doit s'écrou-
ler, de lui-même, par suite des résultats que j'ai annoncés
plus haut. Mais, d'un autre côté, la question générale qui a
été élevée sur Gil Blas, a acquis une bien plus grande importance depuis la publication de l'ouvrage de Llorente, d'abord
parcequ'elle en a été plus répandue, et en est devenue plus
connue dans le monde savant; ensuite parceque cet ouvrage,
lui-même, est fait avec une adresse si artificieuse, qu'il contient, à côté de beaucoup de minuties, tant de recherches
savantes et de détails sur le lieu de la scène du roman,
à côté de quelques raisonnemens solides, tant de sophismes qui ont une apparence de vérité, mais surtout parceque
l'auteur y parle un langage si décidé, si plein d'assurance, que
par toutes ces raisons réunies il ne peut manquer de séduire
le lecteur, ou de lui imposer. Aussi voit-on, que dès son apparition il a été reçu avec complaisance, et a acquis beaucoup
de partisans au système qui y est établi, tout faux que ce
système est en lui-même, peut-être même en France, mais
très certainement dans les autres pays de l'Europe, et que sa
seule réputation continue à lui en faire tous les jours.

La publication de ce livre me décida entièrement à faire
connaître, à mon tour, les résultats que j'avais obtenus, moi-
même (1); et immédiatement après l'avoir lu je commençai

(1) J'en avais publié une partie dans une brochure, écrite en allemand, pour répondre à un article d'un journal de Berlin, dans lequel
on embrassait l'opinion de Llorente et on défendait son système.

l'ouvrage que je présente ici au public, et qui non seulement contient une réfutation étendue du système de Llorente et des preuves, dont il prétend l'appuyer, mais dans lequel on trouve encore les preuves contraires avec des données et des faits, tels que, j'ose m'en flatter, ils vont décider enfin entièrement et irrévocablement la question et faire connaître, en même temps, la nature et l'étendue de l'imitation, que Le Sage a faite d'auteurs espagnols et autres. Car quoiqu'il me paraisse impossible que le lecteur éclairé et impartial, qui lira l'ouvrage de Llorente sans prévention et surtout avec la patience et l'attention qu'exige cette lecture, ne découvre pas très tôt tout ce qu'il y a d'arbitraire, de hazardé, de gratuitement admis dans ce livre, et ne s'aperçoive pas de l'esprit sophistique, qui y règne d'un bout à l'autre, il faut avouer cependant qu'il contient aussi beaucoup de choses utiles et vraies, en elles-mêmes, au point qu'il devient nécessaire, que les conséquences, que l'auteur en tire pour son système, soient réfutées ou rectifiées plus au long.

D'ailleurs le fond même de la question n'était pas encore décidé, il restait toujours incertain, si Le Sage est ou n'est point le véritable auteur de Gil Blas; il pouvait toujours demeurer des doutes à ceux même, que les raisonnemens de Llorente n'auraient pas convaincus; enfin la guerre d'opinions pour et contre, surtout si l'esprit de parti et l'orgueil national venaient à s'en mêler, menaçait d'être interminable, tant que le contraire ou au moins quelque chose de tout à fait différent de l'assertion, avancée par le Père Isla et défendue par Llorente, n'aurait pas été clairement prouvé et irrévocablement établi (1). C'est, comme on l'a dit déjà, ce qu'on croit avoir

---

(1) Le doute, en effet, subsiste toujours, et de nouvelles attaques, dirigées contre le chef-d'oeuvre de Le Sage l'ont encore augmenté. Sans parler ici de l'Espagne, où le doute s'est changé en conviction, du moment où il a été élevé, et où l'on regarde comme un article de foi

fait dans cet ouvrage ; c'est au lecteur à juger si cette préten-
tion est fondée. Ce qui est sûr du moins, c'est qu'il n'y trouvera que des faits, appuyés de preuves, et à l'évidence desquels il lui sera difficile de se refuser, puisqu'ils sont fondés sur
des documens authentiques, et accompagnés de pièces justificatives, toutes tirées de livres espagnols et autres, imprimés
et existant encore. L'auteur, en publiant ce fruit de ses recherches, n'a eu d'autre but que celui d'établir une vérité,
dont il avait les preuves en main, d'autre intérêt que celui de
décider une question de littérature, sur laquelle on semble
encore partagé, et de déterminer avec exactitude un point de
l'histoire littéraire, qui n'avait pas encore été suffisamment
éclairci. Il a pu poursuivre ce but avec d'autant plus de liberté
que, n'étant ni Français ni Espagnol, il ne se trouvait sous
l'influence d'aucune partialité, d'aucun préjugé national ; mais
il ose croire, en même temps, que s'il avait appartenu à l'une
ou à l'autre de ces nations, un amour déplacé de la patrie, ou
plutôt une vanité nationale puérile, ne l'aurait pas empêché de
rendre un libre et plein hommage à la vérité. Il avoue cependant qu'il a éprouvé une satisfaction bien vive, de se croire
en état de justifier pleinement de l'accusation d'un lâche plagiat, un auteur dont les écrits, surtout l'ouvrage en question,
ont fait les délices de sa jeunesse ; sentiment qui, il n'en doute

littéraire l'opinion de l'origine espagnole de Gil Blas, il dure dans toute
sa force, au moins hors de la France, surtout en Allemagne où on penche
assez généralement pour l'opinion contraire à Le Sage, et même en
Angleterre, où on renouvelle de temps en temps les attaques, dirigées
contre l'originalité de Gil Blas (voir entre autres le Foreign Quar-
terly Review. Vol. 2. Année 1828 et Vol. 7. Année 1831). Les
efforts même que quelques écrivains célèbres (entre autres Walter Scott
dans ses Vies des principaux romanciers) ont faits pour
établir cette originalité, ne prouvent après tout que l'intérêt, si naturel
et si juste d'ailleurs, qu'inspirait à ces écrivains l'auteur d'un livre qui
a fait les délices de tant de lecteurs.

pas, sera partagé par une foule de lecteurs de toutes les nations et de tous les âges.

Cet ouvrage est resté pendant de longues années dans
l'état de manuscrit; un singulier concours de circonstances,
une foule d'obstacles, de difficultés et de contretemps, en un
mot, une espèce de fatalité, si j'ose me servir de ce mot pour
un si mince objet, en a empêché jusqu' ici la publication par
l'impression. Fatigué, découragé par tous ces contretemps,
dans le doute même, si cette publication était bien nécessaire,
ou même opportune, j'y avais entièrement renoncé depuis
quelques années, lorsque la lecture d'un article sur Le Sage
et Gil Blas des Causeries du Lundi de M. Sainte Beuve, dans
lequel le célèbre critique nous dit, qu'un ouvrage qui dé-
terminerait la nature et l'étendue de l'imitation
dans Gil Blas, est un ouvrage encore à faire,
lorsque cette lecture, dis-je, me fit revenir à ma première
idée, et poursuivre ma première résolution avec une nouvelle
ardeur. C'est à cette circonstance que le lecteur doit la bonne
ou mauvaise fortune de voir mon ouvrage imprimé.

II

Le Père Isla avait fondé l'opinion, qu'il avança sur le roman de Gil Blas, sur la supposition de l'existence d'un manuscrit espagnol, que Le Sage aurait simplement traduit en
français et fait passer pour son propre ouvrage. Le nouveau,
soi-disant système de Llorente aussi n'a, comme on vient de
le voir, d'autre base qu'une supposition, tout à fait semblable
et tout aussi gratuite. Mais ce dernier, en accumulant les suppositions et les conjectures, a poussé le paradoxe plus loin
encore que son prédécesseur. Dédaignant de citer, comme
l'avait fait celui-ci, à l'appui de sa première supposition, une

tradition vague et incertaine, il nomme l'auteur du manuscrit, il en indique le titre et le contenu, il en fait l'histoire
détaillée, depuis son origine jusqu' au moment où il parvint
à Le Sage. Mais malheureusement tous ces prétendus *faits* ne
sont encore, comme on l'a vu également, que de simples suppositions, tout aussi gratuites, tout aussi chimériques que la
première, et où il n'y a d'historique que la forme de narration
circonstanciée, sous laquelle l'auteur juge à propos de les présenter. Or, si l'on retranche toutes ces suppositions, qui ne
sont prouvées ni même justifiées par rien, il devient évident
que Llorente est parti dans son système du même point absolument, d'où le Père Isla était parti avant lui, c'est-à-dire
de la simple hypothèse de l'existence d'un manuscrit, avec
cette différence, à l'avantage du dernier, qu'il appuie du moins
cette hypothèse sur une tradition qui, après tout, peut avoir
existé, tandis que Llorente, dans les efforts qu'il fait pour lui
donner une base plus solide, a eu recours à de nouvelles hy-
pothèses, appuyées de sophismes. Le fond de la question est
donc resté absolument le même. Si Llorente, au lieu de chercher à la compliquer et à l'obscurcir par les longs récits et les
vains raisonnemens, dans lesquels il s'engage pour faire
passer ses suppositions pour des faits, avait pu se résoudre à
l'aborder franchement, il aurait exposé ainsi son opinion et les
raisons qui la lui ont fait adopter : En ma qualité d'Espagnol
j'ai été frappé, ainsi que mon compatriote Isla, avant moi, de
la manière dont Le Sage a imité les auteurs de ma nation dans
son roman de Gil Blas. J'ai examiné cet ouvrage avec la plus
scrupuleuse attention, et j'ai trouvé que l'imitation n'est pas
seulement générale, mais s'étend à toutes les particularités et
se fait sentir dans les plus petits détails; en un mot, qu'elle
est telle, qu'il est impossible que l'ouvrage français ne soit pas
une traduction de quelque original espagnol, ou tout au moins
une imitation, semblable à celle, que Le Sage nous a donnée

2 *

dans son Diable boiteux. Mais comme il n'existe point de livre espagnol imprimé, qui renferme cet original espagnol de Gil Blas, il faut bien admettre que l'auteur français l'a trouvé dans quelque manuscrit, venu d'Espagne, et à la possession duquel il est parvenu d'une manière quelconque. Personne, il est vrai, n'a jamais vu ce manuscrit, n'en a jamais eu connaissance, il n'en existe nulle part la moindre trace, la plus légère notice; mais enfin, comme il devient impossible après les preuves, que je vais donner, et qui toutes sont tirées de la nature de l'ouvrage français, lui-même, d'expliquer son existence autrement que par l'existence d'un manuscrit, il faut bien admettre cette existence, quoiqu'elle soit restée inconnue jusqu'à présent.

C'est ainsi que Llorente aurait dû présenter la question, s'il n'avait pas eu intérêt à l'embrouiller et à la dénaturer, parceque telle en est, en effet, la véritable position dans son système, et que telle est même la marche qu'il suit dans son ouvrage, si l'on met de côté la prétendue histoire du manuscrit qui, comme nous l'avons vu, est entièrement de son invention, et par laquelle il interrompt son raisonnement et le divise en deux parties, séparées l'une de l'autre par un long intervalle. Llorente prétend prouver la nécessité de l'existence d'un manuscrit espagnol de Gil Blas par des raisons, tirées de cet ouvrage même, et s'il fait précéder les argumens, sur lesquels il cherche à appuyer son hypothèse, de l'histoire détaillée du manuscrit, s'il s'efforce de faire passer cette histoire pour autre chose que ce qu'elle est, en effet, c'est-à-dire une supposition toute gratuite, c'est qu'il a le dessein de donner plus de force à ses argumens, en établissant d'abord la certitude de l'existence du manuscrit espagnol. Par là il se trouve engagé souvent, comme nous l'avons fait remarquer déjà, dans le plus vicieux des cercles : il donne des preuves, qui auraient, en effet, quelque valeur, si l'existence du manuscrit était certaine, mais qui elles-mêmes doivent servir d'abord à prouver cette existence. J'avais besoin, de mon côté, en écartant d'abord la fable de l'origine et des aventures du prétendu manuscrit, de simplifier la question et de la ramener à sa véritable position qui, depuis le Père Isla, est toujours de savoir s'il y a eu un manuscrit espagnol, original de Gil Blas. L'existence d'un pareil manuscrit, dont on ne trouve nulle part la moindre trace, la plus légère notice, ne peut être soupçonnée que par des raisons, prises dans la nature de l'ouvrage français, et doit être prouvée par la force des argumens, fondés sur ces raisons. Nous allons examiner maintenant ceux qui ont été fournis par Llorente, dans la vue de prouver cette existence.

L'ouvrage de Llorente est divisé en quatorze chapitres. Le premier et le douzième renferment, comme on l'a fait voir, la prétendue histoire du manuscrit; dans les dix chapitres intermédiaires l'auteur expose les argumens qui prouvent, selon lui, la nécessité absolue de l'existence de ce manuscrit; les deux derniers, enfin, contiennent des observations détachées, en réponse aux argumens contraires, apportés par le comte François de Neufchâteau pour prouver l'originalité de Gil Blas. J'invite le lecteur à parcourir avec moi ces différens chapitres; il me verra exposer avec un fidélité scrupuleuse les raisons et les preuves données par l'auteur, et peser à la balance d'une critique sévère mais impartiale, des argumens qui nous sont annoncés comme irrésistibles, comme étant assez forts pour faire regarder une pure hypothèse, une simple conjecture, comme un fait certain et avéré.

Le lecteur connaît parfaitement par ce qui a été dit jusqu'à présent les chapitres I et XII de l'ouvrage de Llorente; le premier porte le titre : *Histoire du manuscrit espagnol, qui tomba au pouvoir de M. Le Sage;* l'autre est intitulé : *Recherches pour savoir quel est le premier et véritable auteur du roman de Gil*

Blas. Le chapitre II, qui est le premier des dix chapitres intermédiaires, contenant les argumens, a pour titre: *Chronologie de la vie de Gil Blas.* Il semble assez inutile dans le plan général de l'auteur, mais il paraît qu'il l'a fait et placé à la tête de ses argumens, pour servir d'éclaircissement et d'appui au chapitre suivant, dans lequel il entreprend de prouver que le même manuscrit a renfermé le roman du *Bachelier* de Salamanque et le fond de celui de *Gil Blas.* La vie du héros de ce dernier roman y est analysée chronologiquement, et des dates précises sont assignées aux événemens principaux dont elle est remplie. L'idée est ingénieuse, et on découvre autant de soin que d'adresse dans la manière, dont l'auteur l'a produite et suivie; et quoiqu'on ne puisse s'empêcher de sourire de cette idée de faire un journal détaillé et exact de la vie, si remplie d'événemens, de ce personnage imaginaire, on convient facilement avec l'auteur des principales dates qu'il a fixées. On lui accorde volontiers que Gil Blas est né en 1588, et que le roman finit en 1648 ou 1649, époque où le héros avait atteint sa soixantième ou soixante-unième année (1). Mais il n'était pas nécessaire pour trouver ces dates, de partir, comme l'a fait Llorente, de l'événement peu important de la naissance d'une infante, dont il n'est question, que très en passant, dans

____

(1) Llorente, dans sa *Chronologie de la vie de Gil Blas,* en fixant les dates de certains événemens, nomme le mois et même le jour où il veut qu'ils soient arrivés. Le 18 Octobre 1603, jour de Saint-Luc, Gil Blas à l'âge de quinze ans commence son cours de logique (*Observations critiques* etc. p. 15). En 1606, au mois de Septembre, il s'échappe de la caverne des voleurs etc. Il est mis en prison à Astorga. Il recouvre sa liberté au mois de Novembre de la même année (Ibid.). Gil Blas, à l'âge de 22 ans, en 1610, *servit au gré de l'archevêque* (cela veut dire apparemment *jouit de la faveur de l'archevêque*) depuis le mois d'Octobre jusqu'à la mi-Mars. (*Observations* etc. p. 18.) Il retourne à Madrid, au commencement de Mai. Le 24 de ce mois, jour de la naissance de l'infante Doña Margarita, etc. (Ibid. p. 19). Voilà quelques échantillons, pris au hazard dans cette soi-disant Chronologie.

le roman (1) ; elles sont données par les dates des grands
événemens historiques, auxquels Le Sage a lié les aventures
romanesques de son héros. On sait que le roi d'Espagne, Philippe III, mourut en 1621 ; on sait également que la révolution
de Portugal, qui éclata sous Philippe IV et fut suivie de la
disgrâce du comte-duc d'Olivarès, arriva en 1643, et que ce
ministre, lui-même, mourut en 1646 (2). Si l'on admet donc
ce qui s'accorde assez avec la marche du roman et la suite des
événemens, qui y sont racontés, que Gil Blas était âgé de trente-
trois ou trente-quatre ans lorsqu'il apprit à Valence la mort
de Philippe III, il s'ensuit qu'il était né en 1588 et qu'il avait
cinquante-huit à cinquante-neuf ans, lorsqu'en 1646, immédiatement après la mort du comte-duc, son ancien maître, il
épousa en secondes noces Doña Dorothée, soeur de Don Juan
de Jutella, ainsi qu'on le lit dans sa très véridique histoire. Si
l'on ajoute encore deux années, pour les deux enfans, qui lui
naquirent, selon la même histoire, on voit que le roman finit,
en effet, en 1648 ou 1649. Ce calcul est juste, sans doute,
mais je ne crois pas que Le Sage, lui-même, ait songé à le faire.

Le chapitre suivant, dans lequel Llorente parle de *l'analogie*, qu'il dit exister entre le roman de Gil Blas et celui du

(1) Histoire de Gil Blas de Santillane, tome III. liv. VII. chap. 12. Le
capitaine Don Annibal de Chinchilla raconte qu'un poète, présenté par
le duc d'Albe, ayant un jour récité devant le roi un sonnet *sur la naissance d'une infante*, on lui accorda, sous ses yeux, une pension de cinq
cents ducats. A propos de ce passage de Gil Blas, Llorente nous apprend que cette infante se nommait Doña Margarita, et qu'elle naquit le
24 Mai 1610.

(2) Il paraît que ce n'est pas sans dessein que Llorente en a agi ainsi.
Il passe sous silence des événemens historiques, connus de tout le
monde, et cite en preuve un fait obscur et généralement ignoré. En agis-
sant ainsi, il semble vouloir insinuer que la chronologie, telle qu'il l'ar-
range, lui-même, ne peut avoir été imaginée que par l'auteur supposé du
manuscrit, parcequ'un Espagnol seul pouvait prendre pour point de
départ un événement, qui ne pouvait guère être connu que d'un Espagnol.

Bachelier de Salamanque, et de l'identité des aventures racontées dans l'un et dans l'autre, détruirait, si l'auteur avait réussi à prouver que cette analogie entre les deux romans est continuelle, que cette identité est parfaite, détruirait, disons-nous, le fondement même de son système, qui est que le manuscrit espagnol a fourni à Le Sage la meilleure partie de son Gil Blas ; car un seul ouvrage aurait-il contenu en double les mêmes choses ? Tout ce que prouverait cette analogie, c'est que l'un des deux romans aurait été imité de l'autre ; et s'il a existé, en effet, un manuscrit espagnol où Le Sage a pris le Bachelier de Salamanque, ce serait ce dernier ouvrage qui aurait servi de modèle pour Gil Blas ; et dans ce cas on aurait un exemple, peut-être unique, d'une copie si supérieure à son modèle. Mais c'est, peut-être, cela même que l'auteur a voulu dire, car il n'est pas toujours d'accord avec lui-même ; il abandonne même quelque fois son opinion favorite de l'existence d'un manuscrit espagnol, quand certains argumens, qu'il apporte, ne lui paraissent plus suffisans pour fonder cette opinion, et il fait servir alors ces mêmes argumens à prouver, que Le Sage, du moins, a imité en gros les auteurs de sa nation.

Mais l'analogie entre les deux romans est-elle donc en effet aussi grande, l'identité des aventures de leurs héros est-elle aussi entière, aussi parfaite que le prétend Llorente ? Le lecteur qui connaît les deux ouvrages, et qui sait qu'il y a entre eux cette ressemblance générale, qui doit exister nécessairement entre deux tableaux qui peignent la même scène, les mêmes moeurs, et des personnages et des aventures semblables, sera étonné, quand il verra ce qu'on nous donne ici, comme des preuves et des exemples de l'identité des détails et des idées, et de quelle importance sont les observations de notre auteur. Llorente a rassemblé quarante et un endroits de Gil Blas, qu'il oppose à autant d'endroits du Bachelier de Salamanque ; et la ressemblance entre ces passages, l'identité des idées qu'ils renferment, est l'argument dont il s'arme, pour établir et faire admettre son opinion que le manuscrit du Bachelier de Salamanque a fourni à Le Sage le fond ou le canevas de Gil Blas.

Voici quelques-unes de ces ressemblances, choisies parmi les plus apparentes et les plus importantes que l'auteur indique. Je rapporte ses propres paroles, sans y changer la moindre chose.

Première Idée.

« Le Bachelier de Salamanque avait un talent extraordinaire pour les disputes philosophiques. »

« Gil Blas de Santillane avait une si grande passion pour disputer sur les matières philosophiques, qu'il arrêtait les personnes, connues ou inconnues, qui passaient auprès de lui, pour leur proposer des argumens » (1).

3ième.

« Le parent du Bachelier lui conseille de chercher une place de précepteur. L'oncle de Gil Blas lui donne le même conseil. »

4ième.

« Le Bachelier reçoit du curé de Leganès le conseil de ne pas suivre la carrière de précepteur. »

« La même chose est conseillée à Gil Blas par Fabrice Nuñez, son condisciple et son ami. »

7ième.

« Le Bachelier est chassé de Madrid par quatre braves, à cause de la préférence que lui accorde Doña Luisa de Padilla. »

« Il en arrive de même à Gil Blas par le secrétaire de la marquise de Chaves, à cause de la jalousie qu'il conçoit à l'égard de la femme de chambre de la marquise » (2).

____

(1) *Observations* etc. p. 28.
(2) Ibid. p. 29.

13ième.

»Dans le Bachelier un vieux prêtre de Cuenca recevait de l'argent pour placer des domestiques dans les maisons, où il se trouvait des places vacantes. »

« Don Arias de Londoño fait la même chose à Valladolid dans le roman de Gil Blas» (1).

16ième.

« Le Bachelier, étant secrétaire du duc d'Ucède intervient dans le mariage de la fille unique du duc. »

« Gil Blas, dans une semblable circonstance, a la même influence pendant qu'il est secrétaire du comte-duc d'Olivarès » (2).

17ième.

«Dans le roman du Bachelier sa soeur, Doña Francisca, est renfermée dans un couvent de Carthagène, pour avoir inspiré de l'amour à Don Balthasar de Fabanela. »

« Laure, amie intime de Gil Blas, est renfermée à l'hospice de Zamora, pour avoir aussi inspiré une passion à Don Felix Maldonado, fils du corrégidor (3).

25ième.

« L'amant de Doña Francisca, à *Grenade*, est le comte de Cantillana, seigneur étranger qui y a été amené par des motifs d'intérêt. »

«Dans le roman de Gil Blas, Laure a pour amant le marquis de Marialba, Portugais qui est *aussi venu à Grenade* pour des affaires de famille. » (p. 33.)

31ième.

«Dans le roman du Bachelier Don Carlos del Sol mourut de joie, en apprenant que les parens de sa chère Sophie consentaient à la lui donner pour épouse. »

(1) Observations etc. p. 30.
(2) Ibid. p. 31.
(3) Ibid. p. 31.

«Dans celui de Gil Blas Don Valère de Luna meurt de douleur, en recevant la réponse d'Inésille qui lui enlève toute espérance. » (p. 35.)

41ième.

«Dans le roman du Bachelier on lui enlève sa femme, et on est longtemps sans savoir ce qu'elle est devenue. »

«Dans Gil Blas la femme de Scipion disparaît *par des moyens à peu près semblables*, et il se passe dix ans avant qu'on soit assuré de son existence.» (p. 39.)

Voilà, je le répète, les ressemblances les plus remarquables, indiquées par Llorente. Elles prouvent, du moins, qu'une douzaine d'idées, peu importantes à la vérité, ont passé, en effet, de l'un des deux romans dans l'autre. Mais c'est de Gil Blas dans le Bachelier qu'elles ont été transportées et non de celui-ci dans le premier, comme Llorente explique la chose dans l'intérêt de son système ; c'est-à-dire que Le Sage après les avoir employées dans Gil Blas, les a reproduites, un peu affaiblies, dans le Bachelier, comme ce dernier roman, lui-même, n'est dans son entier qu'une très faible répétition de Gil Blas. Mais parmi ces quarante et une observations, faites par l'auteur, il y en a beaucoup, telles que les suivantes.

2ième Idée.

«Le docteur de Salamanque, parent du Bachelier, était *un peu avare* ; le chanoine d'Oviédo Gil Perez, oncle de Gil Blas, l'était aussi. » (p. 28.)

8ième.

«Le roman du Bachelier désigne un chanoine de Tolède sous le nom allégorique de *Prosper*. »

«Dans celui de Gil Blas un autre chanoine de Tolède se nomme, par allégorie, Don Kerubin Tonto. (p. 29)(1).

12ième.

«Dans le roman du Bachelier la femme de chambre de la

(1) *Próspero* signifie en espagnol, comme en français, prospère ou heureux, et *tonto* simple, imbécille, sot.

marquise de Torbellino, à *Tolède*, se nomme *Séphora ;* et dans celui de Gil Blas *Lorenza Séphora* est aussi femme de chambre de Doña Séraphine Polan, née à *Tolède.* » (p. 30.)

27ième.

«Dans le roman du Bachelier il y a un chevalier, nommé *Don Pompeyo* de la Cueva. »

«Dans celui de Gil Blas il y en a un nommé Don *Pompeyo* de Castro. » (p. 35.)

29ième.

« Le Bachelier se marie deux fois, Gil Blas en fait autant. » (p. 35.)

30ième.

« Une des aventures du Bachelier se passe à trois quarts de lieue de la ville de Cuenca, en compagnie de Don Manuel de Pedrilla. »

« Gil Blas en a aussi une, à peu près à la même distance de la dite ville de Cuenca, accompagné de Don Alphonse de Leyva. » (p. 35.)

33ième.

«Dans le Bachelier on parle souvent de moines dominicains. Dans Gil Blas on cite aussi par fois les moines dominicains. » (p. 35.)

35ième.

«L'auteur du Bachelier a nommé différens personnages, qui ont réellement existé de son temps ou peu auparavant, tels que les rois Philippe III. et Philippe IV., les infants Don Fernand et Don Carlos, le duc d'Ossune etc. Il en est de même dans le roman de Gil Blas. » (p. 36.)

Et ainsi des autres. Et voilà les preuves, sur lesquelles Llorente fonde son hypothèse de l'existence d'un manuscrit espagnol, qui aurait renfermé, à la fois, et les aventures du Bachelier de Salamanque et celles de Gil Blas, du premier comme héros du roman, comme personnage principal, du second comme personnage secondaire, et dont le portrait aurait

été peint d'après celui du premier (1). Comme dernière preuve
de l'identité des deux ouvrages, on trouve à la fin de ce chapitre une chronologie synchronistique de la vie des deux héros. Dans cette chronologie on nous apprend que Don César
de Ronda, frère aîné du Bachelier de Salamanque, Don Chérubin de la Ronda, naquit en 1588, la même année que Gil
Blas; que deux ans après le Bachelier, lui-même, vint au
monde dans le village de Monflorido; qu'en 1595 Gil Blas est
conduit, de Santillane à Oviédo, et que Don Chérubin, âgé
alors de cinq ans, reste à Monflorido; qu'en 1596 Gil Blas et
Don César, frère aîné du Bachelier, âgés l'un et l'autre de huit
ans, apprennent, le premier à lire, le second à lire, à écrire
et à chiffrer; qu'en 1598 Gil Blas, âgé de dix ans, commence
la grammaire latine, et que la même année le Bachelier commence à apprendre à lire; qu'en 1604 Gil Blas, à seize ans,
termine son second cours de philosophie et commence le troisième, tandis que le Bachelier, âgé alors de quatorze ans, après
avoir étudié la grammaire latine et la grecque, termine l'étude
de la poétique et commence la rhétorique etc. etc. (2). Je
m'abstiens de faire la moindre réflexion sur ces dates chimériques, pures inventions de Llorente, et sur lesquelles il n'y a
aucune donnée dans les deux romans imprimés et connus; le
lecteur en fera de reste.

Ce n'est qu'au chapitre IV des *Observations critiques* que
commencent, à proprement parler, ce qu'on peut nommer des
preuves, quoique Llorente nous dise en le commençant, «que
les réflexions présentées jusqu'alors *sont plus que suffisantes*
pour établir l'idée, que le fond du roman de Gil Blas est composé de diverses pièces tirées du manuscrit de l'autre roman
espagnol alors inédit et intitulé *Aventures du Bachelier de
Salamanque.*»

(1) Observations critiques etc. p. 47.
(2) Ibid. p. 40—46.

Dans le chapitre, en question, l'auteur entreprend de prouver que les mots *espagnols*, qui se trouvent dans le roman *français* de Gil Blas, supposent l'existence du manuscrit *espagnol*. Et d'abord, qui ne voit pas que cet argument ne prouve pas du tout ce que Llorente prétend lui faire prouver? Qui ne conviendra pas facilement, que quand même Gil Blas serait tout hérissé d'expressions et de locutions espagnoles, on n'aurait pas besoin, pour expliquer la chose, d'avoir recours à la supposition gratuite d'un manuscrit, et qu'elle s'explique tout simplement et plus naturellement par la connaissance que Le Sage avait de la langue espagnole, et par la lecture assidue des auteurs de cette nation? Le *Diable boiteux*, *Guzman d'Alfarache*, *Estevanille Gonzalès*, qu'on sait avoir été ou traduits ou imités de l'espagnol, ne renferment-ils donc pas des mots et jusqu'à des phrases espagnoles? Cette réflexion générale, que je place ici, est applicable à la presque-totalité des argumens, que Llorente apporte dans la suite, et sans que j'aie besoin de la répéter, le lecteur ne manquera pas de la faire lui-même, en son temps.

Encore si les preuves, données ici par Llorente, étaient bien fortes, bien convaincantes, si les exemples qu'il cite étaient bien frappans et de quelque importance ; mais ce sont pour la plupart de véritables minuties, et moins que des minuties. C'est ainsi qu'on nous donne, comme preuve que Le Sage a eu sous les yeux un manuscrit espagnol, le mot *señora*, joint à des noms de femme, comme señora Leonarda, señora Sirena, señora Eugenia etc., ceux de *corrégidor*, *alguazil*, *Santa Hermandad*, *coroza*, *sambenito* (1), de *hidalgo*, de *gra*—

____

(1) *Coroza* est un bonnet de papier ou de carton, en forme de pain de sucre, dont on coiffe les condamnés à mort, au moment où on les conduit au supplice; ceux qui avaient été condamnés par l'inquisition en portaient d'une forme particulière Le *sambenito* est une espèce de manteau court, de camail de couleur jaune et avec une croix rouge,

cioso, et jusqu'à ceux de *Prado* (le jardin royal de Madrid) et
d'*olla podrida*, qui ont passé pour la plupart, non seulement
dans la langue française et y ont acquis droit de bourgeoisie,
mais encore dans les autres langues de l'Europe, et auxquels
Llorente voudrait que Le Sage eût substitué les mots français
maire pour *corrégidor* (risum teneatis!) *Pré, pot-pourri* etc. (1).

A côté de ces minuties, qui pour la plupart sont encore,
on le voit, des erreurs, on trouve d'autres erreurs plus gra-
ves, et que l'auteur avance avec une hardiesse, avec une
assurance très propres à imposer surtout à des étrangers, qui
n'ont pas une connaissance assez approfondie, assez complète
de la langue française, ou même de la langue espagnole (2).
C'est ainsi qu'on lit p. 48 et suivantes: «Les noms de baptême des personnes, nommées dans le roman, sont souvent
restés écrits en espagnol, tels que *Juan*, *Pedro* etc., quoique
parfois Le Sage se rappelât d'écrire *Jean*, *Pierre* etc., ce qui
fait présumer que le manuscrit espagnol, qu'il avait sous les
yeux, produisait cet oubli; car sans cela un auteur français
original aurait toujours écrit, à la française, *Jean, Pierre* etc. »
— Cela est inexact et la critique, renfermée dans ces mots,
n'est pas fondée. Le Sage n'a pas, indifféremment et sans
choix, tantôt conservé à ses personnages les prénoms espagnols, et écrit tantôt ces noms *à la française,* mais selon l'usage
constant de sa langue, il les laisse en espagnol, quand ils

dont on couvrait la poitrine et le dos de ceux, qu'on avait accusés à l'inquisition, mais que ce tribunal avait absous.

(1) Voir les Observations critiques etc. p. 51 - 54.

(2) A ce propos je prie le lecteur français, à qui ces remarques et
d'autres encore, de la même nature, que je ferai dans la suite, pourraient
paraître inutiles ou même inconvenantes, de ne pas oublier que je les
ai écrites surtout pour les étrangers, les Allemands, les Anglais et peut-
être même quelques Espagnols, que le ton de pleine assurance, avec
lequel Llorente débite ses observations, peut séduire, ou du moins les
faire hésiter et les rendre incertains dans leurs jugemens.

sont précédés du *Don* de cette langue, et qu'en même temps la manière dont ils y sont écrits est très différente de celle dont ils le sont dans la langue française. En conséquence, il dit avec tous les auteurs français, avant et après lui, et même avec tout le monde en France, *Don Juan*, *Don Pedro*, *Don Carlos*, *Don Diego*, *Don Antonio*, et jamais Don Jean, Don Pierre, Don Charles etc. Il écrit même assez ordinairement la plupart de ces noms à l'espagnole, quand même ils ne sont pas précédés du *Don*, et dit tout simplement *Pedro*, *Antonio*, parceque tel est souvent l'usage en français quand on nomme des personnages espagnols; tout le monde, par exmple, dit *Fernand* Cortez et non *Ferdinand* Cortez etc. Mais quand ces prénoms sont à peu près les mêmes dans les deux langues, il est tout naturel qu'ils se trouvent écrits à la française dans Gil Blas, et qu'on y lise Don Alphonse, Don Louis ou Luis (selon l'orthographe espagnole), Don Felix, Don Thomas etc.·

Immédiatement après l'observation, qu'on vient de lire, on trouve p. 49 les deux paragraphes suivans: 2° Quand M. Le Sage nomme des personnages nobles ou d'un rang distingué, en les qualifiant de *Don*, terme usité en Espagne comme celui de *monsieur* en France, il l'écrit toujours avec un N, ainsi que le font les Espagnols, et non pas avec un M, à la manière française; il en aurait fait de même, et aurait écrit *Dom*, s'il n'eût pas eu sous les yeux un manuscrit espagnol où il voyait écrit *Don*. «3° Ce même terme *Don* précède toujours en espagnol le nom de baptême, comme Don Juan, Don Eugenio, et jamais le nom de famille, ainsi on ne pourrait pas dire en espagnol Don Llorente, Don Gutierrez, tandis qu'en style français le Dom précède le nom de famille, Dom Calmet. Mais M. Le Sage se servit toujours du Don à la manière espagnole, ce qui indique la présence d'un manuscrit; car sans cela il eût quelquefois omis le *Don*, ou bien il l'aurait écrit devant le nom de famille, par exemple *Don Castro*, au lieu de *Dom Pompeyo*.»

Quelles étranges suppositions et que d'erreurs dans ce peu de lignes! Et d'abord comment est-il possible de supposer que Le Sage, qui passa sa vie à étudier l'espagnol et à lire les auteurs de cette nation, ait ignoré une chose aussi simple, aussi triviale que la véritable orthographe du mot *Don* et la manière dont les Espagnols l'emploient? Ensuite il est absolument faux de dire que les Français écrivent ordinairement ce mot espagnol *Don* par un *m* et non par un *n*; tout au contraire, ils ne le font jamais, ni dans les pièces de théâtre, ni dans d'autres ouvrages, soit originaux soit traduits de l'espagnol, et ce n'est que dans quelques contrefactions hollandaises des deux derniers siècles, dont l'orthographe est en général très vicieuse, qu'on trouve écrits *Dom* Quixote, *Dom* Juan, *Dom* Pedro, au lieu de *Don* Quixote etc. Mais il y a, en effet, un *Dom* français (abréviation du mot latin *Dominus*) qui est un titre qu'on donne aux moines ou religieux de certains ordres; nommément aux Bénédictins: ce dernier *Dom*, entièrement français, s'écrit toujours par un *m*, et on ne le place que devant les noms de famille et jamais devant les prénoms—Dom Calmet, Dom Monfaucon. C'est une distinction que fait le Dictionnaire de l'Académie, et qui est observée par tous les Français qui savent et écrivent correctement leur langue. Llorente confond les idées et les choses, quand il cite ce dernier *dom*, et qu'il suppose que Le Sage a dû être induit par l'usage qu'en font les Français à le placer quelquefois devant des noms propres de famille espagnols.

On trouve la même ignorance des propriétés de la langue française, jointe à la même témérité de jugement et à la même hardiesse à avancer, comme certaines et convenues, des choses qui ne sont pas fondées, 1° dans la condamnation du nom de *dame*, donné à Léonarde, cette vieille cuisinière des voleurs (1),

____

(1) Observations critiques etc. p. 50: «Cette manière même d'appeler *dame Léonarde* une femme du peuple, servante d'une bande de vo-

2° dans la critique de la dénomination de *jeune dame*, qu'on condamne (p. 51) comme ne pouvant être appliquée à *une jeune personne non mariée*, 3° dans celle qu'on fait du mot de *romances* dans un endroit, où il s'agit de ces anciennes poésies nationales et populaires des Espagnols, mot qu'on a l'air de croire n'être pas français, et auquel on voudrait substituer si ridiculement celui de romans (1).

A l'égard des mots espagnols et même des phrases entières, en cette langue, répandus dans Gil Blas, et qui auraient pu être traduits en français, tels que *señor escudero, escribano, caballero, contador mayor, oïdor, famosa comedia, hasta porfiar, gallina-ciega* (colin-maillard), *posada de los representantes* etc., il est bien certain qu'on n'a pas besoin d'avoir recours à un manuscrit espagnol, pour expliquer leur présence dans le roman, et qu'ils ont été suggérés à Le Sage par sa connaissance de la langue espagnole et la lecture habituelle des auteurs de cette nation.   Quant à l'emploi qu'il en a fait, si on veut absolument expliquer la chose, il est probable qu'il les a laissés en espagnol, les uns, tels que *escudero, famosa comedia, casa de los representantes* et d'autres, parcequ'ils désignent des ob-

leurs, suppose la présence d'un manuscrit espagnol où était écrit *señora Leonarda;* car sans cela un bon écrivain français aurait dit : Tenez, Léonarde, ou si par hazard il eût voulu la traiter plus poliment, il aurait dit : tenez, *Madame Léonarde;* car le style français est de s'exprimer ainsi, non pas, tenez, dame Léonarde.» Tout au contraire, il serait très déplacé et très inconvenant de dire à une servante, *madame,* qui est un terme de respect; mais il est ou il était très commun du temps de Le Sage, et avant lui, de donner aux servantes, surtout quand elles étaient d'un certain âge, le nom de *dame.* Llorente n'avait qu'à ouvrir l'*Avare* de Molière; il y aurait vu que Harpagon nomme sa servante *dame* Claude.»

(1) Observations etc. p. 53 : «Il en est de même (toujours à cause de la présence du manuscrit) quand cet écrivain *français* (Le Sage) a *laissé en espagnol* le mot romances pour dire *romans,* dans la bouche de Rolando, capitaine de voleurs. »

jets et des usages particuliers à l'Espagne, que des termes français n'auraient rendus qu'imparfaitement, les autres pour donner à son tableau une couleur plus locale (1). Il a fait absolument la même chose dans ses autres ouvrages du même genre, comme dans le Diable boiteux.

On trouve dans Gil Blas quatre petits vers espagnols, fort bien tournés, et tout à fait dans le goût de la nation et du siècle où la scène du roman est placée; et cette circonstance est regardée par Llorente, comme étant à elle seule, une preuve irrésistible de l'origine espagnole de Gil Blas.

«Mais je vais citer, dit-il p. 58, un fait, qui suffirait lui seul pour prouver que son auteur original était espagnol; c'est la chanson que Gil Blas entendit chanter par Don Gaston de Cogollos, lorsqu'il était prisonnier au château de Ségovie» (Histoire de Gil Blas. Tome III. liv. 9. chap. 5).

> Ay de mí ! un año felice
> Parece un soplo ligero !
> Pero sin dicha un instante
> Es un siglo de tormento.

«Ces vers me semblent d'une telle nature, que je ne puis accorder à un étranger la possibilité de les faire, à moins qu'il n'ait demeuré pendant de longues années en Espagne; càr pour user de la licence poétique d'employer en vers *felice*, au

---

(1) Le mot français *écuyer* ne rend pas précisément l'espagnol *escudero*. Ce dernier était un domestique supérieur, attaché au service des dames de condition, les accompagnant quand elles sortaient sans leurs maris, et faisant auprès d'elles au dehors, le même service dont les *duègnes* étaient chargées dans l'intérieur des maisons. *Famosa comedia* était une désignation particulière, qu'on joignait au titre de certaines pièces de théâtre; elle se trouve à la tête de toutes celles de Lope de Vega (et c'est en effet d'une comédie de cet auteur qu'il s'agit dans Gil Blas); celles de Calderon portent le titre de *gran comedia*. Les mots *posada de los representantes* rappellent, comme Llorente, lui-même, nous l'apprend, un usage anciennement établi en Espagne, et selon lequel les salles de spectacle, dans les villes de province, servent en même temps de logement aux comédiens.

lieu de *feliz*, usité en prose, il faut avoir une grande habitude de la versification espagnole.»

Je pense que Le Sage a pris en effet ces vers dans quelque nouvelle ou pièce de théâtre espagnole, et les a placés dans l'endroit, cité plus haut (1); non pourtant que je croie que Le Sage a été incapable de les faire, surtout point par la raison, alléguée par Llorente; car je puis assurer qu'il n'y a pas d'étranger un peu instruit des règles de la versification espagnole, qui ne connaisse l'emploi, en vers, de *felice* pour *feliz*. On sait que l'Abbé Régnier Desmarets, quoique Français, a fait au dix-septième siècle une traduction d'Anacréon en vers italiens, fort estimée en Italie, et qu'il composa un sonnet, qu'il publia comme étant de Pétrarque, et qui fut pris pour tel par tous les gens de lettres italiens. Il est vrai que l'Abbé Régnier Desmarets avait demeuré pendant quelque temps dans ce pays, et que Le Sage n'a jamais été en Espagne; mais ce dernier possédait parfaitement la langue espagnole, et puis il y a loin d'un petit couplet en assonances, c'est-à-dire en vers non rimés, à une traduction d'Anacréon, qui serait regardée comme bonne en Espagne, et à un sonnet qui pourrait passer pour avoir été fait par *Boscan* ou *Garcilaso de la Vega*. Mais, quoi qu'il en soit, il est toujours sûr que ces vers seuls ne prouvent pas l'existence d'un manuscrit espagnol.

Le chapitre qui a pour titre *Mots et phrases françaises qui supposent l'existence d'un manuscrit espagnol,* est sans contredit le plus singulier de tous. L'auteur s'efforce d'y prouver qu'on

---

(1) C'est ainsi que ces vers, bien connus des lecteurs de Le Sage, et si fort dans le goût espagnol du siècle,

> Ardo y lloro sin sosiego,
> Llorando y ardiendo tanto,
> Que ni el fuego consume el llanto,
> Ni el llanto apaga el fuego.

qu'il met dans la bouche de l'amant espagnol, dans le *Diable boiteux*, il les a pris dans une pièce de Calderon, intitulée *Agradecer y no amar*. (Comedias de Calderon de la Barca, Madrid 1763. Tomo IX. p. 241.)

trouve dans le roman de Gil Blas *un grand nombre de locutions et de tournures de phrase*, qui péchent contre la pureté de la langue française, qui sont de véritables hispanismes, et la conséquence qu'il tire de cette prétendue circonstance, est que l'existence seule d'un manuscrit espagnol peut expliquer ces imperfections de langage, dans un auteur, d'ailleurs si distingué par la bonté de son style; que Le Sage ayant eu sans cesse ce manuscrit sous les yeux en a éprouvé l'influence malgré lui, que son style s'en est ressenti et s'est rempli, contre son intention, de ces impropriétés, de ces locutions et tournures, étrangères à la langue française et qui, sans cette circonstance, ne l'auraient certainement pas déparé. Ce chapitre qui, du reste, rentre entièrement dans le chapitre précédent où l'auteur prouve l'existence du manuscrit par les mots et les phrases espagnoles, répandus dans Gil Blas, et qu'il semble n'en avoir séparé que pour multiplier les titres de ses argumens, ce chapitre, disons-nous, est un exemple bien remarquable de ce que peut enfanter l'esprit de système, et le désir de faire adopter une opinion favorite et qui flatte la vanité nationale. On ne sait, en le lisant, si c'est de l'indignation ou de la pitié qu'on doit éprouver; ni ce qu'on doit y admirer le plus, ou la confiance d'un étranger ignorant nécessairement toutes les ressources et les finesses de la langue française, et faisant sentir partout l'étranger dans sa manière d'écrire le français, qui ose attaquer sous le rapport du style et de la pureté du langage, un auteur qu'il sait passer chez sa nation pour avoir écrit avec autant de pureté que d'élégance, ou la fausseté absolue des observations, sur lesquelles il cherché à appuyer ce jugement, ou, enfin, l'inconcevable assurance avec laquelle il avance ces assertions, qui sont autant d'erreurs, comme des vérités incontestables et généralement reconnues (1).

(1) «M. Le comte de Neufchâteau, dit-il, au commencement du chapitre, assure que le roman de Gil Blas, *publié* par Le Sage, est écrit en

Mais, comme je l'ai dit déjà, il importe d'autant plus de
relever ces erreurs, que le ton d'inexprimable assurance avec
lequel l'auteur les débite, est très propre à imposer, et à les faire
passer pour des vérités auprès des étrangers, peu instruits des
propriétés de la langue française, chez qui d'ailleurs l'opinion
sur le manque d'originalité dans Gil Blas a encore du crédit,
nommément en Allemagne, et à l'arrêt desquels Llorente en
appelle surtout, comme à celui de juges, nécessairement dés-
intéressés et impartiaux.

On nous apprend ici (p. 63) que le mot *seigneur ne s'emploie en français que pour désigner le seigneur d'un endroit;*
que Le Sage n'a pas parlé français en se servant de cette locution le seigneur Gil Blas; qu'il devait dire monsieur Gil
Blas ou Gil Blas tout court, «puisque ce personnage ne pouvait être qualifié de *seigneur,* n'étant pas seigneur d'un village.»
Llorente ignorait donc, qu'outre l'usage général qu'on fait du
mot *seigneur,* au lieu de celui de *monsieur,* dans la haute
poésie dramatique, les auteurs de romans et de comédies s'en
servent tout particulièrement pour les noms propres espagnols
et même italiens, rendant ainsi le mot espagnol *señor* et le mot
italien *signore;* que jamais, par exemple, on n'a dit monsieur
Don Quichote, monsieur le chevalier (en parlant de ce héros
de la Manche), monsieur Don Juan etc., au lieu de seigneur

bon français, et certes, si ce n'était pas l'opinion générale, il n'est pas
vraisemblable que Le Sage eût été placé sur la liste honorable des auteurs classiques français, précisément comme auteur de cet ouvrage.
Cependant je dois avouer de bonne foi, que lorsque je compare la pureté et l'élégance du langage français de Le Sage, dans sa comédie de
Turcaret, avec la p r o s e du même auteur dans son Gil Blas, je trouve une
différence remarquable, en faveur du premier. Il me semble, au contraire, que dans l'autre l'écrivain est souvent entraîné par l'intention
d'arranger une locution française qui remplace la locution espagnole, et
dont la tournure des mots et des phrases est fréquemment *en opposition
avec les règles de la syntaxe française.*«

Don Quichote, seigneur chevalier, seigneur Don Juan ; enfin que Molière dans celles de ses comédies, dont la scène est placée en Italie, dit toujours seigneur Géronte, seigneur Lélio, seigneur Octave etc. Il est vrai que Le Sage étend beaucoup cet usage du mot *seigneur*, en l'appliquant, comme les Espagnols font avec leur *señor*, aux noms de professions et de métiers, et en disant, comme eux, *seigneur soldat, seigneur écolier* (étudiant), *seigneur gentilhomme* et jusqu'à *seigneur passant* (1). Mais il est évident qu'il le fait pour donner à son roman, même dans les détails, la couleur locale du pays, où il en a placé la scène. D'ailleurs ces locutions étrangères, dans les endroits où et de la manière dont il s'en sert, donnent à son style une grâce toute particulière, une originalité piquante, qui en augmentent le charme. C'est par la même raison qu'on rencontre si souvent dans Gil Blas le mot de *cavalier*, par lequel Le Sage rend si heureusement le titre espagnol de *caballero*, si commun en Espagne. Llorente (p. 65) prétend qu'un auteur français original, au lieu de *ce cavalier*, aurait dit *cet homme* ou *ce monsieur*, et que le mot *cavalier*, lui-même, signifie seulement un *homme à cheval*. Llorente se trompe dans l'une et l'autre de ces assertions ; *cet homme* ou *ce monsieur* n'auraient été que des expressions bien plates, et le mot de cavalier, outre sa signification primitive *d'homme à cheval*, a encore précisément celle, dans laquelle il est employé par Le Sage.

Mais Llorente avance des choses bien plus étonnantes encore : «Nous aperçûmes, est il dit dans Gil Blas (liv. I chap. 8), *un religieux de l'ordre de Saint-Dominique*, monté, contre l'or-

____

(1) En espagnol señor soldado, señor estudiante, señor hidalgo, señor pasagero : ce dernier dans le récit de la rencontre que Gil Blas fait du soldat estropié, qui demande l'aumône en ajustant les passans avec une escopette. (Tome I. liv. I. chap. 2) «*Seigneur passant*, ayez pitié, de grâce, d'un pauvre soldat estropié.» Llorente voudrait qu'au lieu de *seigneur passant*, Le Sage eût dit *monsieur le voyageur*.

dinaire de ces bons pères, sur une mauvaise mule. *Dieu soit loué!* s'écria le capitaine, voici le chef-d'oeuvre de Gil Blas. Llorente trouve dans cette période des expressions, qui ne lui paraissent pas françaises, et qui suivant son système sont des preuves victorieuses de l'existence d'un manuscrit espagnol; ce sont celles que j'ai soulignées. Llorente soutient (p. 66) qu'un auteur français, au lieu de religieux de l'ordre de Saint-Dominique, aurait dit un *moine jacobin*, et qu'il aurait mis *bravo, Dieu merci*, au lieu de Dieu soit loué qui est espagnol. Dans le même endroit de Gil Blas on lit ces mots : «messieurs, vous serez contens, je vais mettre ce père nu comme la main, et vous amener ici sa mule. Non, non, dit Rolando, elle n'en vaut pas la peine; *apportez-nous seulement la bourse de sa révérence.*» Voilà encore une façon de s'exprimer qui n'est pas française, selon Llorente; ces derniers mots sont absolument espagnols, dit-il (p. 67), et ont de la grâce dans cet idiome. Sans l'existence du manuscrit, Le Sage aurait dit: *apportez-nous seulement la bourse du moine.* Plus loin (p. 68) il est choqué des locutions *à Dieu ne plaise*, et *grâces au ciel;* «la première, dit-il, suppose celle qu'emploient fréquemment les écrivains espagnols, *no permita Dios*, et celle grâces au ciel est venue de l'espagnol *gracias á Dios*, qui devait être dans le manuscrit; un Français aurait dit simplement, *Dieu merci.*»

Le lecteur français et l'étranger, qui est familiarisé avec la langue française, seront étonnés de ces étranges assertions et de l'incroyable hardiesse, avec laquelle on les avance. Voici de quoi augmenter encore leur étonnement. Un *bénéfice à charge d'âmes*, un *bénéfice simple* sont deux expressions de *mauvais français*, dit Llorente (p. 68 et 69), tirées du manuscrit espagnol. Les Français qui parlent purement leur langue, comme Le Sage savait le faire, ont coutume de dire une cure, la cure de Saint-Eustache etc., lorsqu'ils veulent désigner un bénéfice à charge d'âmes, et ne disent presque jamais bénéfice simple, mais seulement bénéfice *sinecure*.» Un garçon de famille, *mais surtout un garçon de bien et d'honneur*, sont des locutions qui ne sont pas françaises ; la dernière n'est que la traduction des mots espagnols *un mozo*, *hombre de bien y de honra*. Un auteur original français eût dit, selon Llorente (p. 70), *un garçon bien honnête*, «car, ajoute-t-il, le style français le voulait ainsi.» Plus loin (p. 71), il prétend, en citant ces mots *le plus fameux directeur de Madrid*, que l'adjectif *fameux* se prend toujours dans un mauvais sens, quoique le Dictionnaire de l'Académie dise expressément le contraire. Il soutient encore (ibid.) que la mode des *directeurs*, c'est-à-dire de religieux qui dirigeaient la conscience des particuliers, surtout des femmes, et allaient les voir dans l'intérieur de leurs demeures, est une mode purement espagnole ; la connaissance la plus superficielle de l'ancienne France lui aurait appris, que c'était une coutume généralement établie à Paris du temps de Le Sage. Il prétend (p. 73) que le mot *laboureurs* dans l'endroit de Gil Blas (liv. II chap. 7), où le garçon barbier Diego de Fuente, en parlant de son père et de ses deux oncles, dit «qu'ils s'établirent à Olmédo, en se mariant avec des filles de *laboureurs*, qui leur apportèrent en mariage peu de bien» que ce mot *laboureur* suppose encore le manuscrit espagnol, où se trouvait *labradores ;* qu'un auteur français original aurait dit *agriculteurs*, et qu'en France ceux qui parlent leur langue avec pureté, ne se servent du mot *laboureur*, que pour désigner un *journalier* qui laboure, lui-même, son champ, etc. Enfin, sans connaître ou se rappeler *maître Jacques*, le cuisinier, *maître Simon*, le courtier, de l'Avare de Molière, il va jusqu'à critiquer Le Sage (p. 71 et 72) d'avoir donné le titre de maître à un chirurgien, *maître* Oñez, et d'avoir appelé *maître* Joachim le cuisinier de Gil Blas. «Ni Le Sage, dit-il, ni personne n'aurait mis le mot *maître* devant le nom de baptême, *s'il ne l'eût vu ainsi dans un manuscrit espagnol ;* car l'usage français est de placer ce mot devant le nom de famille. »

Mais en voilà assez, et j'épargne au lecteur des observations de la nature de celle-ci (p. 79): Lucrèce, actrice du théâtre de Tolède, dit à Gil Blas (liv. XII chap. 1): *Je vous rends de très humbles grâces*;» cette phrase n'est que la traduction du *style* espagnol, *doy á Vm. muy humildes gracias*. Le Sage, écrivant en auteur original, aurait dit en bon français, *je vous remercie infiniment.*»

Le chapitre VI de l'ouvrage de Llorente a pour titre : *Noms propres des (de) personnes et des (de) pays, villes, villages etc. qui supposent un manuscrit espagnol*. L'auteur *s'étonne* de trouver dans Gil Blas tant de noms propres espagnols de personnes et d'endroits ! Il prétend qu'il n'y avait qu'un auteur espagnol qui pût les citer à propos ou les imaginer ! Mais est-il besoin de dire que dans un roman, dont la scène est en Espagne, tous les noms propres doivent être espagnols, et ne peuvent être que cela? Et Le Sage ne trouvait-il pas ces noms dans une foule de livres, soit espagnols, soit français, sur l'Espagne, sur l'histoire, sur la géographie de ce pays? Llorente divise ces noms en trois classes : 1° noms de villes et d'endroits, 2° noms propres historiques, c'est-à-dire de familles, réellement existantes en Espagne, 3° noms de pure invention, dont la plupart sont *allégoriques*, c'est-à-dire désignent par leur signification soit l'état, soit une qualité morale ou physique des personnages qui les portent.

Llorente nous apprend qu'on trouve cités dans le roman de Gil Blas les noms de *cent trois endroits* d'Espagne et de quatre de Portugal. Soit, mais y en eût-il trois fois autant, il n'y aurait pas là de quoi s'étonner, puisque Le Sage ou tout autre, à sa place, pouvait les trouver facilement sur chaque carte de la péninsule. Il en est de même des noms de familles; l'histoire d'Espagne, les relations de voyages faits dans ce pays, les

mémoires du siècle précédent et du temps même de Le Sage,
les romans, les comédies étaient autant de sources, où l'auteur de Gil Blas pouvait puiser, à son choix, les noms des
personnages historiques et des familles qu'il voulait faire figurer
dans son roman (1). Mais que dire d'un auteur, qui après s'être
récrié sur le grand nombre de noms propres qu'on trouve
dans Gil Blas, et en avoir tiré la conséquence qu'un écrivain
national pouvait seul en connaître un si grand nombre et les
employer si à propos, grossit la liste de ceux qu'il cite à l'appui de cette assertion, des noms aussi généralement connus que
ceux d'Albe, de Bragance, de Médina, de Lerme, de Sidonia,
d'Ossune, d'Olivarès, d'Ucède, de Lémos, de Mendoza, de
Lara, et jusqu'à ceux de Góngora (auteur lyrique très connu),
de Moreto, de Guevara (auteur du Diable boiteux espagnol),
de Solis, de Lope de Véga, de Calderon, et (qui le croirait?)
de Cervantes, lui-même?

Mais c'est des noms allégoriques, comme Llorente les appelle, répandus dans Gil Blas, qu'il tire sa principale preuve
d'un auteur original espagnol de ce roman, et par conséquent
de l'existence d'un manuscrit en cette langue. D'abord je
doute, que tous les lecteurs trouvent l'allégorie aussi facilement, que Llorente, et la voient partout où la voit cet auteur;
qu'ils soient très satisfaits, par exemple, des explications
suivantes : «Le roman donne le nom d'Alexis à un moine do-

(1) Il est question dans Gil Blas d'un amiral (almirante) et d'un connétable de Castille. Llorente regarde cette circonstance comme extrêmement remarquable, comme une des plus fortes preuves de l'existence
du prétendu manuscrit, et c'est parcequ'en 1715, où Le Sage publia la
première partie de Gil Blas, il n'y avait plus ni amiral ni connétable de
Castille, Philippe V ayant supprimé ces deux dignités. C'est comme si
on s'étonnait qu'un auteur anglais ou allemand, qui ferait un roman
dont la scène serait placée en France et dans un temps où il y avait des
connétables dans ce pays, pût y faire figurer un personnage revêtu de
cette dignité, et qu'on s'en étonnât par la raison qu'il n'y a pas eu de
connétable en France depuis le règne de Louis XIII.

minicain du couvent de Cordoue, qui était en opinion de sain-
teté et du plus grand directeur de consciences ; aussi ceux
qui obtenaient sa recommandation, étaient-ils admis aisément
au service des dévots dirigés par sa Révérence. C'est ce qu'é-
prouva Scipion pour entrer chez Balthasar Vélasquez, mar-
chand de draps (Hist. de Gil Blas, liv. X chap. II). Le nom
d'*Alexis* fait allusion à la retraite du moine, qui est dépeint
dans cette histoire ; car personne n'ignore que saint Alexis
vécut longtemps retiré du monde.» (Observations etc. p. 99.)
«Abel était le nom du joueur que Scipion servit à Tolède et à
Séville, par antiphrase au nom du fils innocent d'Adam ; car
notre joueur ne perdait jamais, que lorsque cela lui convenait
pour en tromper d'autres et pour gagner davantage» (Ibid.
p. 100).

«Le père de Scipion est appelé Toribio *Scipion*, parcequ'en
sa qualité d'archer de la Sainte-Hermandad, il était continuellement à la poursuite des voleurs de grand chemin, à l'imitation
du *célèbre Romain* de ce nom, sans cesse en activité contre
les ennemis de Rome.» (ibid.)

«L'aubergiste de Peñafiel se nomme Corçuelo (Corzuelo)
diminutif de *corzo*, chevreuil, parcequ'aussitôt qu'il entendit
que Gil Blas avait l'intention de vendre sa mule, il courut
comme un *chevreuil*, chercher un autre fripon, qui secrètement d'accord avec lui, l'évaluerait à vil prix, afin de l'acheter à bon marché (p. 106) (1).

Mais, tout en admettant l'allégorie dans des noms, tels
que *Sangrado* (participe du verbe *sangrar*, faire saigner),
Deslenguado (méchante langue), *Torbellino* (tourbillon), *Cuchillo*

----

(1) Je demande pardon au lecteur de répéter ici de pareilles niaise-
ries. Mais, je l'ai dit déjà, il importe de faire bien et entièrement connaître l'ouvrage de Llorente, qui est regardé comme une autorité irréfra-
gable dans son pays et qui jouit, sur parole, d'une grande réputation à
l'étranger.

(couteau), *Buentrigo* (bon froment, riche en froment), *Talego* (sac d'argent), *Buena garra* (forte griffe), *Cordel* (corde) et d'autres semblables, donnés à des personnages dont ils désignent, en effet, ou la profession et l'état, ou le caractère et la façon de penser et d'agir, il n'est cependant pas nécessaire, pour expliquer leur présence dans Gil Blas, d'avoir recours à un écrivain et encore moins à un manuscrit espagnol. Un auteur français quelconque, bien moins versé même, que Le Sage, dans la langue et la littérature de cette nation, aurait pu les créer d'abord dans sa langue et les traduire ensuite à l'aide d'un dictionnaire. Voltaire, entre autres, qui ne savait que médiocrement l'espagnol, quoiqu'il ait traduit un drame de Calderon (1), a parsemé les premiers chapitres de son petit roman de *Jenny ou l'Athée*, dont la scène, au commencement, se trouve à Barcelone, d'un certain nombre de noms allégoriques, indiquant où l'état ou le caractère des personnages qui les portent. C'est là qu'on voit figurer la señora *Boca-Vermeja*, la señora *Las Nalgas*, le señor *Don Iñigo Medroso* etc. (2).

Voilà donc Voltaire qui s'est chargé de répondre à Llorente, lequel s'écrie à la fin de ce chapitre (p. 108): Peut-on supposer qu'il vienne à l'esprit d'un étranger de donner à deux voleurs, qui voulaient se faire passer pour gentilshommes, les noms de Don Vincent de *Buena-garra* et Don Mathias *del Cordel?* Ce sont des noms qui ne signifient rien en français,

(1) Ce drame ou cette tragédie a pour titre *En esta vida todo es verdad, y todo es mentira*, dans cette vie tout est vérité, et tout y est mensonge. C'est le sujet d'Héraclius. Voltaire traduisit, comme on sait, le drame de Calderon et l'ajouta à son commentaire sur Corneille, pour montrer que l'*Héraclius* de ce dernier n'est point, comme on l'avait assez généralement cru jusqu'alors, une imitation de la pièce espagnole.

(2) *Boca-Vermeja* signifie bouche vermeille. *Medroso* peureux, poltron. Quant à *Las Nalgas*, je laisse aux lecteurs qui ne savent pas l'espagnol le soin de chercher dans quelque dictionnaire la signification de ce mot.

lorsque Le Sage écrivait pour des Français. Il en est de même de *Talego, Descomulgado, Buentrigo* etc.» Mais c'est, peut-être, précisément parceque ces noms ne signifient rien en français, que Le Sage et Voltaire dans le roman, que je viens de citer, les ont employés; l'allégorie trop visible, et en même temps trop répétée, aurait paru puérile et sans grâce, ç'eût été un véritable manque de goût. D'ailleurs, comment ces auteurs se seraient-ils avisés de donner des noms français à des personnages espagnols?

Le chapitre suivant, qui est le septième de l'ouvrage, roule en entier sur la prétendue preuve d'un manuscrit espagnol de Gil Blas, tirée de la peinture exacte de *moeurs et d'usages espagnols* qui est si frappante dans le roman français. C'est cette peinture de moeurs et d'usages étrangers qui a fait imaginer les manuscrits espagnols de Gil Blas, tant celui que le Père Isla a rêvé, que celui tout aussi chimérique, que Llorente s'est efforcé de *créer* par ses argumens. Si ces auteurs avaient connu ou voulu se rappeler le seul *Voyage du jeune Anacharsis, en Grèce*, ils auraient pu se convaincre qu'il a été possible à un auteur étranger, et qui plus est, à un auteur postérieur de plus de deux mille ans à l'époque, où il a placé sa fiction, de faire dans son ouvrage, sans piller un manuscrit grec et avec le seul secours de livres imprimés, la description la plus exacte, la plus relativement fidèle, la plus complète qu'on ait, d'un pays qui, depuis tant de siècles, a disparu de la terre avec ses villes, ses peuples, la plupart de ses monumens, sa langue parlée, sa religion, ses coutumes et ses moeurs.

Llorente s'efforce de prouver contre le comte François de Neufchâteau, qui a dit, jusqu'à un certain point avec raison, que le roman de Gil Blas est l'histoire véritable des usages, des moeurs et des vices de la France, surtout de Paris, pendant les dernières années du règne de Louis XIV et les premières de celui de Louis XV, Llorente s'efforce de prouver, disons-nous, contre l'auteur français, que ces moeurs et ces usages sont, au contraire, entièrement espagnols. Il est bien sûr que le comte de Neufchâteau n'a ni pu ni voulu dire, que tout est français dans le roman de Le Sage, et que les moeurs et les usages, qui y sont décrits, ne sont pas, généralement parlant, espagnols, comme le lieu même de la scène et les noms des personnages. Sans doute on y voit figurer des *duègnes* et des *escuderos*, des *grands d'Espagne* et des *hidalgos*, des *corrégidors* et des *alguazils*, *l'inquisition* et la *sainte Hermandad* (1) : on y voyage à cheval sur des mules et avec des muletiers *(arrieros)*, et on y loge dans des auberges isolées *(ventas)*, ou dans de mauvais cabarets de village (m e s o n e s), où l'on sert quelquefois au voyageur novice et affamé des *civets de matou*, au lieu de civets de lièvre ou de lapin ; on y compte par ducats et *réales et maravédis* et non par livres et par sous ; on y dort la *sieste*, on y joue de la *guitare* dans les rues, et les femmes n'y sortent que voilées ou couvertes d'une *mantille* etc. etc. Mais toutes ces particularités, tous ces détails de moeurs et de coutumes, quelque propres qu'ils soient à l'Espagne, quelque caractéristiques de ce pays et de ses habitans, ne portent cependant que sur des institutions, soit publiques, soit domestiques, sur des choses extérieures ; ils constituent ce qu'on peut appeler le *costume* du roman, ils

(1) Llorente, dans deux endroits de son ouvrage (p. 66 et 126), donne comme preuve de l'existence du manuscrit espagnol, la circonstance que les archers de la sainte Hermandad sont cités fort à propos dans plusieurs endroits de Gil Blas ; «car, dit-il, on ne connaît pas bien la nature de l'institution de la sainte Hermandad en France.» Il est vrai que des auteurs, qui ne connaissaient l'Espagne que superficiellement, ont toujours confondu la *sainte Hermandad* (sainte confrérie) qui est une espèce de maréchaussée ou de gendarmerie municipale, destinée à veiller à la sûreté des grands chemins, avec le *Saint Office*, c'est-à-dire l'inquisition ; mais il est impossible de croire qu'un auteur comme Le Sage n'a pas connu cette différence, qu'une lecture attentive de Don Quichote, au reste, suffit seule pour enseigner.

donnent au tableau la couleur locale qui sous ce rapport aussi le rend si parfait.

Et quoique ce costume soit fidèlement observé dans Gil Blas, quoique la couleur locale de ce roman soit extrêmement remarquable et justement vantée, cela n'empêche pas que Le Sage n'y ait fait, sous le costume espagnol, le tableau des moeurs, des vices et des ridicules, en un mot, de l'esprit de sa nation et de son siècle. Je remarquerai encore, dès à présent, que ce costume dont je parle, si fidèle, si exact qu'il soit, en général, y est cependant moins grossier, y a plus *d'élégance* et témoigne d'une civilisation plus avancée, que celle du même temps, telle qu'elle nous est présentée dans les romans espagnols originaux de l'époque. Dans la suite je montrerai avec plus de détail, et les pièces justificatives, que je joins à cet essai, le feront voir avec évidence, combien l'esprit qui respire dans Gil Blas est essentiellement et éminemment français, et à quel point il diffère de celui des Espagnols du temps de Philippe III et de Philippe IV, époque où est placée la scène du roman, et même de celui du temps de Charles II, qui le suivit immédiatement.

Les deux chapitres suivans du livre de Llorente sont destinés à prouver l'existence du manuscrit espagnol de Gil Blas par les erreurs de noms propres, tant de personnes et de familles, que de villes et d'endroits, que ce roman contient. Les personnes qui possèdent à fond la langue espagnole, et qui sont versées dans la topographie et l'histoire particulière de ce pays, et par conséquent les Espagnols instruits, plus que tous les autres, y trouvent en effet quelques noms propres mal écrits ou même estropiés, d'autres noms, de pure invention, qui ne sont pas espagnols ou dont l'orthographe n'est pas celle de cette langue, des villes et des villages déplacés, les distances entre les endroits, souvent mal observées ou mal indiquées, et d'autres fautes de ce genre. Ces erreurs n'ont

échappé ni au Père Isla, qui les a corrigées, quelque fois, ou
déguisées dans sa traduction, ni, surtout, à Llorente, qui les
a recherchées avec le soin le plus minutieux, et indiquées
dans les deux chapitres que nous examinons dans ce moment.
Mais ces bévues et ces erreurs, dont il faut mettre quelques-
unes, telles que *cantador* au lieu de contador, *maravédis* pour
maravédi, sur le compte des imprimeurs, mais attribuer, sans
doute, le plus grand nombre (telles que *corochas* pour corozas,
escogrivano pour escrihano, *Ponte* de Duero pour *Puente* de
Duero) à la négligence et au peu de soin de l'auteur, lui-même,
ces bévues et ces erreurs

> *maculae*, quas aut incuria fudit,
> aut humana parum cavit natura,

que prouvent-elles, en effet, si ce n'est que Le Sage est le
véritable auteur de Gil Blas? Car un étranger seul pouvait
faire ces fautes et tomber dans ces erreurs, qu'il était si facile
à un Espagnol d'éviter, et dont quelques-unes, même, sont
de nature qu'il est absolument impossible qu'un habitant de
Madrid (*Solis*, l'auteur du prétendu manuscrit, selon Llorente,
vivait dans cette ville) y soit tombé.

Le Père Isla a senti toute la force de cet argument contraire, et ne sachant comment le parer autrement, il a pris
tout simplement le parti de soutenir que Le Sage, pour déguiser
le vol qu'il avait fait du manuscrit espagnol, a parsemé à dessein son ouvrage de ces fautes et de ces erreurs qui n'existaient
pas dans l'original. Llorente n'admet point cette explication
de son compatriote, non qu'il ne croie que Le Sage a été très
capable d'user d'un pareil artifice pour cacher son plagiat (1),
non qu'il rejette l'explication, comme étant une simple conjecture, et une conjecture tout à fait arbitraire, mais uniquement parcequ'il veut y substituer une autre hypothèse, ima-

____

(1) Voir les Observations critiques etc. p. 159.

4

ginée par lui-même, et qu'il regarde comme plus probable et surtout comme plus concluante pour son propre système.

Selon lui, la seule cause des erreurs dont nous venons de parler, a été un manuscrit espagnol, mal copié, et dont l'écriture particulière, telle qu'on la voit en effet dans tous les manuscrits espagnols, même dans ceux du temps actuel, a souvent été *mal lue* par Le Sage. La tournure est adroite, il faut l'avouer, et l'argument qu'elle amène, aurait de la force, si, partant lui-même d'une hypothèse, il ne devait pas servir à établir une autre hypothèse, qu'il fallait prouver d'abord. Si l'existence du prétendu manuscrit était avérée, et qu'il ne s'agit plus que de prouver que Le Sage s'en est servi pour la composition de son Gil Blas, ce dernier argument de Llorente serait sans doute d'un grand poids. Mais comme il doit servir, lui-même, de preuve de cette existence, il rentre dans la classe des autres argumens, apportés par l'auteur, et qui tous prouvent, tout au plus, ce que personne au reste n'a jamais révoqué en doute, que Le Sage a tiré parti des auteurs espagnols. Encore faudrait-il que ces erreurs, dont il s'agit ici, fussent toutes du genre de celles, qui ne peuvent avoir d'autre source qu'un manuscrit mal copié et mal lu, comme quelques-unes de celles que Llorente a relevées, paraissent l'être en effet (1). Mais quand Le Sage écrit, ainsi que le font tous les

(1) Telles sont les erreurs qui naissent de la circonstance, qu'en lisant un manuscrit indistinctement écrit, il est facile de confondre et de prendre, l'une pour l'autre, certaines lettres qu'on forme à peu près de la même manière, et dont les traits ont de la ressemblance entre eux. Ainsi *Corcuelo*, nom employé par Le Sage et qui ne signifie rien, que Llorente corrige *Corzuelo* ou *Corçuelo* d'après l'ancienne orthographe, qui signifie chevreuil, *Manjuelo*, également sans signification, au lieu de *Majuelo*, diminutif de *Majo*, qui signifie *hableur* et convient parfaitement à un aubergiste, *Londona* au lieu de *Londoño* (p. 137) et même *Don Juan de Jutella*, que Llorente soutient devoir être changé en Don Juan de *Antella* (p. 145) pourraient être rangés dans cette classe d'erreurs. Mais l'histoire du manuscrit n'étant qu'une simple hypothèse, tout le raison-

Français, Saragosse au lieu de *Zaragoza*, Arragon, au lieu
d'Aragon, Salcedon au lieu de *Salcedo*, Inésile au lieu d'Inésille *(Inesilla)*; quand l'auteur français, écrivant de mémoire,
et tombant dans quelques erreurs de détail, pardonnables à
un étranger, confond, cite mal à propos ou estropie même
certains noms, comme *Villardesa*, au lieu de *Villar del Saz*,
Ponte de Duero, au lieu de *Puente* de Duero etc., doit-on, quand
même l'existence du manuscrit serait avérée, attribuer ces
licences et ces erreurs à ce manuscrit mal copié et mal lu?
Ne faudrait-il pas plutôt, même alors, les expliquer par la
circonstance que Le Sage était un auteur français qui écrivait
pour des Français, et qu'il est tombé, en effet, dans plusieurs
fautes et erreurs de détail, bien naturelles à un étranger, et
pardonnables dans un ouvrage de pur agrément, où l'on ne
cherche pas le même soin, la même exactitude qu'on exige
d'un livre de science ou d'érudition?

Je ne m'arrêterai pas aux deux chapitres suivans (le X et
le XI) aussi peu qu'aux deux derniers (le XIII et le XIV) de
l'ouvrage de Llorente, les seuls qui restent à examiner, le
douzième ayant déjà été passé en revue avec le premier, dont

nement du critique espagnol manque de base, et n'est, lui-même, qu'une
nouvelle hypothèse. On avouera, d'ailleurs, que c'est pousser aussi loin
qu'il est possible de les porter, la licence accordée à la critique con-
jecturale et la rage de l'esprit de système, que d'oser avancer, comme
le fait Llorente (p. 155 à 58), quand Le Sage, péchant contre la topographie de Madrid et d'autres endroits de l'Espagne, place le *théâtre du
Prince* dans le voisinage de l'église de *Sainte Croix*, fait aboutir la rue
des bahutiers *(calle de cofreros)* à la *porte du soleil* et place un village
imaginaire de *Torralba*, dans la direction à peu près où se trouve la
ville de *Cuenca*, d'oser avancer qu'il faut attribuer ces erreurs non à l'i-
gnorance ou à une inadvertance de l'auteur, «mais à la négligence du
copiste du manuscrit, qui par distraction ou par *des motifs qu'on ne
peut pas savoir*, aurait écrit iglesia de Santa-Cruz au lieu d'iglesia de
San-Sebastian, *puerta del sol* au lieu de puerta de *Guadalajara*, et *Torralba* au lieu de *Cuenca*, comme il y avait dans le manuscrit original.»

4 *

il n'est que la suite (1). L'auteur s'efforce de prouver dans les
deux premiers (le X et le XI) de ces derniers chapitres de son
ouvrage, l'existence d'un manuscrit espagnol par les *erreurs
chronologiques*, dont l'auteur de Gil Blas s'est rendu coupable,
et par *différentes époques, indiquées* dans ce roman; et il ré-
pond dans les deux autres aux différens argumens du comte
François de Neufchâteau. On y retrouve le même esprit sophistique, qui règne dans les chapitres précédens, la même
ou encore plus d'érudition, le plus souvent occupée de recherches futiles et presque toujours inutilement prodiguée, les
mêmes observations minutieuses, le même abus du raisonnement, la même fausseté dans les conséquences tirées par l'auteur. Les observations publiées par le comte de Neufchâteau
jettent toute la lumière nécessaire sur cette partie de la question.
Je ne m'en occuperai donc pas, et n'arrêterai l'attention du
lecteur que sur une seule observation de Llorente, aussi fine
qu'elle me paraît juste en elle-même; mais j'en tire une conséquence, différente de celle qu'en a tirée l'auteur. Le Sage a
commis quelques erreurs chronologiques dans son Gil Blas;
les plus considérables se trouvent dans deux épisodes, savoir
dans l'histoire de Don Pompeyo de Castro, à la fin du premier
tome, et dans la nouvelle, intitulée *le mariage de vengeance*,
au second tome. Le Sage a corrigé dans la suite la première
de ces erreurs, d'une manière qui, peut-être, est un défaut,
mais il a laissé subsister la seconde. «L'auteur français, dit
Llorente, a inséré dans son ouvrage ces épisodes, qui sont
autant de nouvelles espagnoles qui auparavant existaient
isolées, et dont les dates particulières ne cadrent plus avec
la chronologie générale du roman.» J'admets, comme Llorente, que Le Sage a traduit librement ou imité ces nouvelles
d'auteurs espagnols, et qu'en les plaçant dans son roman,
oeuvre originale, il en a dérangé l'ordre chronologique. Mais

(1) Voir p. 14 et suiv.

l'argument, tiré de cette circonstance, que je suis prêt à adopter comme une preuve de l'imitation générale que l'auteur français a faite d'écrivains espagnols, prouve-t-il donc, comme Llorente le prétend expressément, l'existence d'un manuscrit en cette langue, dont l'ouvrage français ne serait qu'une simple traduction? Ne pourrait-on pas, si l'histoire du prétendu manuscrit était avérée, dire avec autant ou plus de fondement (conséquence à laquelle Llorente est bien loin de songer), que c'est l'auteur espagnol du manuscrit qui est tombé dans ces erreurs chronologiques? et n'est-ce pas abuser d'une preuve, bonne en elle-même, et détourner le raisonnement de son véritable objet? N'est-ce pas encore avoir recours à une nouvelle hypothèse, que de soutenir, que Le Sage a tiré d'un manuscrit étranger le corps de son roman, et qu'il en a pris les épisodes dans des livres imprimés?

III

Tel est l'ouvrage de Llorente, lequel passe encore, peut-être en partie même en France, mais très certainement dans d'autres pays, et naturellement en Espagne surtout, sinon pour avoir entièrement enlevé à l'auteur de Gil Blas le mérite de l'originalité, au moins, pour avoir diminué considérablement ce mérite, et par conséquent la plus belle partie de la gloire littéraire de Le Sage. Pour nous, après avoir montré que l'histoire du prétendu manuscrit espagnol, sur laquelle cet ouvrage est fondé, est une simple hypothèse, dépourvue de toute base historique, et que les preuves, apportées par l'auteur à l'appui de cette hypothèse, sont d'une nullité absolue pour le fait qu'il prétend établir, nous allons donner, à notre tour, des preuves dont l'évidence mettra hors de tout doute, nous l'espérons du moins, que tout le contraire précisément de ce qu'il avance, lui et son compatriote Isla avant lui, est la seule vérité. Nous allons faire voir que quand même il serait prouvé que ce prétendu manuscrit a existé, en effet, et qu'il s'est trouvé entre les mains de Le Sage, il n'en resterait pas moins vrai, que cet écrivain ne s'en serait servi que pour en tirer, tout au plus, le fond des aventures, les noms des personnages et de leurs professions, et l'idée générale des caractères; le tout revêtu du costume espagnol. En effet, le roman de Gil Blas est une composition toute française; il l'est par la nature d'un grand nombre des aventures qui arrivent au héros et des situations et états, par lesquels il passe; il l'est par la peinture de la plupart des caractères (le héros lui-même est bien plus Français qu'Espagnol), en un mot dans tout ce qui constitue la partie psychologique et morale du roman; il l'est enfin et surtout par le style et l'esprit et le ton dominant de l'ouvrage, qui sous ce rapport ne ressemble nullement (les pièces justificatives, jointes à cet essai, le feront voir) à aucun des nombreux ouvrages du même genre, qui parurent en Espagne précisément à l'époque, où il faudrait admettre que le manuscrit en question a pris naissance. Mais nous allons plus loin encore et nous entreprenons de prouver, en indiquant un grand nombre des descriptions et des récits d'événemens et d'aventures, dont Le Sage s'est servi comme de matériaux pour la construction de son ouvrage, et qu'il a pris en effet dans des livres imprimés espagnols et autres, et en en faisant connaître une partie par des traductions, nous entreprenons de prouver, disons-nous, que cette imitation d'auteurs espagnols, dont on a tant parlé, s'est bornée à ces emprunts, et qu'une traduction ou imitation du roman, dans son entier, faite soit d'un livre imprimé soit d'un manuscrit, est tout à fait impossible.

Le genre de romans que Le Sage a rendu populaire en Europe par son Gil Blas, a été inventé par les Espagnols et cultivé par eux seuls pendant plus d'un siècle; c'est une gloire

qui leur est dûe et qu'on ne saurait leur contester. Ils donnèrent à ces compositions le nom de *Novelas de picaros*, c'est-
à-dire romans de gueux ou de fripons ; ce qu'on traduit depuis quelque temps en français plus directement par *romans
picaresques* (1).

Les héros de ces fictions, destinées par leurs auteurs à
présenter un tableau fidèle et animé de la vie humaine et des
événemens qui la remplissent, sont des personnages pris dans
les rangs inférieurs de la société. Ils sont peints, pour l'ordinaire, avec tous les vices que le manque d'éducation, l'indi-
gence et le mépris qui pesait, à ces époques, sur cette classe
du peuple y avaient en quelque sorte concentrés ; ils sont
malfaisans, rusés, lâches, fripons, débauchés, et ressemblent
assez au Panurge de Rabelais, *qui avait soixante-trois maniè-*

____

(1) Les Espagnols désignent, par le nom général de *novelas*, toutes
les productions de ce genre, quelle que soit leur étendue. Le *Don Quichote* de Cervantes n'est pas moins une *novela* que les petites histoires
galantes et satiriques, publiées par cet auteur sous le titre de *novelas
ejemplares*, nouvelles exemplaires (contes moraux). On n'a point le mot
de *roman* en espagnol ; celui de *romance* qui lui correspond, signifie dans
son acception la plus générale, la langue espagnole, en opposition à la langue latine ; c'est la *lingua volgare* des Italiens. Dans un sens plus restreint,
le mot *romance* signifie une espèce de petits poèmes, très anciens, et
particuliers à la littérature espagnole, ainsi que l'espèce particulière de
vers (couplets en *assonances*) dans lesquels ils sont écrits. Les Italiens
ont le nom *(romanzo)* sans avoir eu pendant des siècles, la chose. Leur
littérature est très riche, plus riche que toutes les autres, en ce genre
de compositions, qu'ils ont créées et qu'ils ont les premiers nommées
nouvelles; mais jusqu'à Manzoni et ses imitateurs, elle n'avait produit
aucun ouvrage original, qui ressemblât à ce qu'on appelle *roman* dans
d'autres littératures modernes. Dans l'origine et pendant longtemps
on n'appliqua ce nom de *romanzo* qu'aux histoires de chevalerie, soit en
prose, soit surtout en vers *(le Roland furieux* est un *romanzo)* ; et ce ne
fut qu'au dix-huitième siècle qu'il prit la signification de *roman*, dans
le sens ordinaire de ce mot, lorsqu'on s'en fut servi pour les nombreuses traductions de romans français, anglais et allemands, qu'on fit
alors en Italie.

res de gagner de l'argent, dont la plus honnête était le larcin.
Tels sont les *Lazarille de Tormes*, les *Guzman d'Alfarache*, les
aventurier Buscon, les *Estevanille Gonzalès*, et en général tous
les héros de ces anciens romans espagnols. Ces individus,
lancés dans le monde par le sort ou leurs inclinations vaga-
bondes, y ont des aventures, extraordinaires par leur grand
nombre et dans leur ensemble, mais simples et naturelles, en
elles-mêmes, éprouvant toutes les vicissitudes du sort, et se
trouvant placés successivement dans les situations les plus
diverses et les plus variées de la vie humaine ; ce qui forme
un cadre où se trouvent renfermés les différens états de la
société et où figurent, tour à tour, une foule de personnages
et de caractères, pris dans tous les rangs et toutes les conditions. Le ton dominant de ces compositions est éminemment
comique, même burlesque ; mais, en même temps, on y aperçoit un but philosophique et moral très marqué. Semblables
en cela aux anciens conteurs d'apologues, et si l'on veut aux
poètes comiques proprement dits, depuis Ménandre et Térence
jusqu'à Molière, les auteurs de ces romans recommandent à
ceux qui les lisent de ne pas s'arrêter à la seule fiction et au
dessein apparent de leurs ouvrages, qu'ils représentent comme
n'étant que la simple *écorce*, laquelle couvre les leçons de sa-
gesse et de morale, les exemples de vices à fuir et de vertus
à imiter, renfermés dans leurs productions comme autant de
trésors cachés, que le lecteur intelligent et attentif saura seul
découvrir. Ce but principal de leurs compositions ils le pro-
fessent partout ; partout ils le rappellent à leurs lecteurs, et
de peur que ceux-ci ne prennent le change sur leur véritable
intention, le prologue surtout, qui, selon la mode espagnole, se
trouve à la tête de tous ces romans, roule presque toujours,
et en entier, sur cette seule idée. Ces paroles d'une comédie
de Térence,

Inspicere, tamquam in speculum, in vitas omnium
    Te jubeo

est une devise appliquable à tous ces auteurs, ét que plusieurs d'entre eux ont adoptée, en effet.

Le premier essai connu dans ce genre de romans, lequel y a passé, en même temps, et pendant longtemps, pour un chef‑d'oeuvre est la fameuse Histoire de *Lazarille de Tormes* (La vida de Lazarillo de Tormes y de sus fortunas y adversidades) (1). Ce livre, si peu lu, si négligé, si méprisé même, de nos jours, du moins hors de l'Espagne, est cependant l'ouvrage d'un des hommes les plus distingués de l'Espagne et de l'Europe, au seizième siècle et sous les règnes de Charles quint et de Philippe II, de ce fameux *Hurtado de Mendoza*, qui réunissait en lui les talens divers de l'homme d'état, du général d'armée, de l'historien et du poète (2). Il est vrai qu'il le composa dans sa jeunesse et pendant qu'il faisait ses études à Salamanque.

Ce premier essai qui fut laissé incomplet par son auteur, et qu'un nommé *Luna* continua dans une seconde partie, mais avec un talent bien inférieur, fit naître une foule d'imitations et d'ouvrages du même genre; et l'Espagne vit paraître dans

(1) La première édition de ce roman, qui depuis a été imprimé un grand nombre de fois et traduit dans la plupart des langues de l'Europe (édition qui est la seule complète), est fort remarquable, mais en même temps extrêmement rare. On croit qu'elle fut supprimée dès sa naissance, à cause d'une sortie très violente contre l'inquisition, qu'elle renfermait.

(2) Son histoire de la guerre, causée par la révolte des Maures, restés dans le royaume de Grenade *(Guerra de Granada que hizo el Rey Don Felipe II contra los Moriscos de aquel reino, sus rebeldes ; por Don Diego Hurtado de Mendoza)* est regardée comme un chef-d'oeuvre, et lui a valu de ses compatriotes le surnom de *Salluste espagnol*. Poète lyrique distingué, il forme avec *Boscan* et *Garcilaso de la Vega* le brillant triumvirat, qui transplanta sur le Parnasse espagnol les principales formes et quelques-unes des beautés de la poésie italienne.

la première moitié du dix-septième siècle une longue suite de romans, de l'espèce de ceux dont nous parlons, et dont je ne citerai ici que les principaux et les plus connus : *Vida y hechos del picaro Guzman de Alfarache* par Mateo Aleman, littérateur distingué des seizième et dix-septième siècles (1). *Relaciones de la vida del Escudero Marcos de Obregon*, por Vicente (Vincent) Espinel, poète estimé qui vivait à peu près dans le même temps (2). *La picara Montañesa, llamada Justina* (La friponne montagnarde (des montagnes de Burgos) nommée Justine) par Francisco Lopez Ubeda. *Vida del Gran Tacaño* (fripon rusé) par Quevedo, que l'Espagne range parmi ses auteurs classiques les plus estimés, tant pour ses vers que pour sa prose (3). *El soldado Pindaro* par Gonzalo Céspedes y Meneses. *Vida y hechos de Estevanille Gonzalez, hombre de buen humor* (4).

(1) Avant la traduction très libre, ou plutôt l'imitation que Le Sage a faite de ce roman, il en existait d'autres en français et en italien que j'ai vues ; elles sont plus fidèles, et par là même moins propres à les faire goûter des lecteurs. Moi-même, je n'ai jamais pu goûter Guzman d'Alfarache que dans la traduction ou imitation de Le Sage, et je n'ai pas réussi, quoique je sois revenu plusieurs fois à la charge, à le lire de suite dans l'original, quelque bien écrit qu'il soit d'ailleurs (la langue et le style sont du plus pur, du meilleur castillan) tellement la narration y est diffuse, et interrompue à chaque moment par des réflexions et de longues digressions.

(2) Il a enrichi la versification espagnole d'une forme de vers nouvelle et d'une mesure particulière, et on a de lui, entre plusieurs autres ouvrages, une traduction en vers de l'art poétique d'Horace, fort estimée de son temps. Cervantes et surtout Lope de Vega parlent de lui avec de grands éloges.

(3) J'ai vu une vieille traduction française de ce roman, sous le titre de l'*Aventurier Buscon*, qui est aussi l'ancien titre de l'original.

(4) Il est difficile de prononcer sur cet ouvrage, et de décider, si c'est un simple roman ou une autobiographie. Il paraît, cependant, qu'il est l'un et l'autre ; car d'un côté, les aventures qu'on y raconte sont trop nombreuses, trop singulières, pour qu'on puisse supposer qu'elles soient arrivées toutes à un seul individu, et de l'autre, l'auteur qui nous dit

Mais s'il est incontestable que la gloire de l'invention de
ce genre de romans est dûe aux Espagnols, il est tout aussi
certain que celle de l'avoir perfectionné, surtout *ennobli*, et
de lui avoir procuré la célébrité et la popularité dont il a joui
depuis, appartient entièrement à la France, c'est-à-dire à Le
Sage. Cet écrivain transplanta les romans espagnols sur le sol
de la France; il en inspira le goût, qui se répandit et de-
meura, non seulement dans ce pays, mais encore dans le reste
de l'Europe. Il est vrai, qu'ils y avaient été connus, déjà avant
lui, dans des traductions et des imitations, faites en différentes langues, surtout en français; mais ces traductions étaient
toutes, ou si médiocres ou même si décidément mauvaises, et
dans les originaux eux-mêmes le mérite de l'exécution et des
détails, en un mot le mérite littéraire n'était pas assez considérable pour leur assurer un succès permanent. Ils ne pou-
vaient pas prétendre à une célébrité, approchant même de très
loin, de celle qu'avait eue Don Quichote, cet autre original
espagnol, que toutes les nations ont d'une voix commune
proclamé le premier des romans. Ce ne fut que sous la plume
de Le Sage, et par sa touche spirituelle et originale, que
l'espèce de romans, dont il est ici question, devint enfin classi-

qu'il a été domestique (c r i a d o) du prince *Ottavio Piccolomini*, personnage
historique connu, assure qu'il écrit l'histoire *véritable* de sa vie. On y
trouve, d'ailleurs, le récit de plusieurs faits historiques, nommément de
la fameuse guerre de trente ans, racontés avec beaucoup de détail, et
une description topographique très exacte du sud-est de l'Allemagne et
de la Pologne, contrées fort peu connues alors en Espagne. Au reste,
c'est une des productions les plus agréables du genre, et qui a peu des
défauts dont tous les romans espagnols de cette époque sont plus ou
moins entachés; aussi l'a-t-on réimprimée plusieurs fois, et encore vers
la fin du siècle passé. Le Sage en a fait une traduction, plus libre encore
que celle de Guzman d'Alfarache, retranchant quelques aventures (nous
verrons bientôt qu'il a inséré quelques-unes de celles-ci dans Gil Blas)
en ajoutant d'autres, de sorte que, de même que le Diable boiteux, son
Histoire d'Estevanille Gonzalès est devenue sous sa plume un ouvrage
entièrement différent de l'original espagnol.

que et prit rang dans la littérature moderne, où il occupe une
place aussi distinguée que durable. Ses traductions, plus ou
moins libres, et ses imitations d'originaux espagnols dans le
Diable boiteux, dans *Guzman d'Alfarache, Estevanille Gonzalez*
et le *Bachelier de Salamanque*, mais surtout son ouvrage original et, en même temps, son chef-d'oeuvre, Gil Blas de Santillane (1), furent universellement goûtés dans toute l'Europe,
et y commencèrent une nouvelle époque dans la littérature
des romans, en créant véritablement un nouveau genre. Les
éditions de ces ouvrages, surtout celles du Gil Blas, se multi-
plièrent d'une manière prodigieuse; ce dernier roman fut traduit et imité dans toutes les langues vivantes et fit les délices
de tous les peuples de l'Europe, et de nos jours encore, il est
regardé, ainsi que Don Quichote, comme un ouvrage unique
en son genre, et qui n'a point été égalé encore.

Il suffit de lire un seul des romans dont nous avons donné
la liste plus haut, ou tel autre ouvrage espagnol du même
genre et de la même époque, et de le comparer avec Gil Blas,
pour reconnaître l'originalité du roman français, qui est original et par la forme que Le Sage lui a donnée et par l'esprit
qu'il lui a inspiré. En effet, l'esprit et la forme de tous les
romans espagnols de l'époque, c'est-à-dire de la première
moitié du dix-septième siècle sont, malgré la parité des genres, tellement différens de ceux que nous voyons empreints
dans Gil Blas, qu'en les comparant ensemble il est impossible
de ne pas voir dans ce dernier une création nouvelle et originale. Le style de tous ces vieux romans espagnols est entor-
tillé, lourd et diffus; il y règne une prolixité, souvent fa-
tiguante et toujours déplacée, non seulement dans les réflexions
morales, philosophiques et autres, dont leurs auteurs ont eu
soin de les parsemer, mais encore dans les idées et les choses

(1) La première partie (deux tomes) de ce roman parut en 1715 ; le
troisième tome en 1724, et le quatrième en 1735.

les plus simples, dans les images et les descriptions. Ces images et ces descriptions sont surchargées de petites circonstances et de détails minutieux et inutiles, et malgré une certaine originalité, qu'on ne saurait leur contester, elles manquent pourtant presque toujours de ce naturel précieux, de cette naïveté piquante, de cette vérité frappante que nous admirons dans Gil Blas, et que parmi les livres espagnols nous retrouvons, avec plus d'originalité et de profondeur encore, dans le seul Don Quichote.

Mais ce qui nous frappe surtout quand nous comparons l'ouvrage de Le Sage avec les romans espagnols du même genre, c'est ce sentiment exquis des convenances, ce goût pur, cette correction soutenue de dessin, qui caractérisent Gil Blas, ainsi que toutes les bonnes productions de la littérature française, et dont l'absence presque totale est si sensible dans les romans espagnols. Semblables, en cela, à certains peintres de leur pays, les auteurs de ces ouvrages ne craignent pas d'arrêter les yeux du lecteur sur les images les plus basses, les plus sales même, de peindre les objets les plus dégoûtans, souvent même les plus hideux. Les caractères, cette partie principale de toute composition poétique, des genres épique et dramatique, sont peints pour la plupart, du moins dans les plus distingués de ces romans, avec beaucoup de vérité, avec une grande force d'expression, et une hardiesse de pinceau originale et piquante. Mais dans Gil Blas ils sont en bien plus grand nombre et bien plus variés ; avec une vérité et une expression égales, ils présentent plus de correction et de pureté dans le dessin, et plus de vivacité et de finesse dans le coloris. On s'aperçoit, à la première vue, qu'ils appartiennent à un siècle et à un pays, où toutes les relations sociales étaient plus nombreuses, plus variées, plus compliquées et plus raffinées, qu'elles ne l'étaient en Espagne au dix-septième siècle.

Dans les romans espagnols originaux on trouve, à côté d'une description naturellement exacte et fidèle et souvent minutieusement détaillée, des moeurs et des usages, en un mot de toutes les localités de l'Espagne, un tableau aussi vrai qu'animé de la manière de penser et de sentir, de toutes les habitudes morales des Espagnols du dix-septième siècle. Dans Gil Blas, au contraire, la peinture de ce pays et de ses habitans, louée d'ailleurs avec raison pour son exactitude et sa fidélité, ne s'étend pourtant qu'aux moeurs et aux usages de la vie extérieure. On y chercherait envain une peinture vraie de la manière particulière et caractéristique de sentir et de penser des Espagnols de l'époque, où les événemens racontés dans le roman se sont passés : leurs opinions et leurs préjugés particuliers et nationaux, leurs passions violentes et profondes, leur tournure d'esprit romanesque et presque orientale, tels que nous les trouvons décrits dans les ouvrages dramatiques et les romans de cette nation et même dans quelques relations de voyage ; toute cette partie du roman français porte évidemment l'empreinte d'une nation différente et d'un temps postérieur. En général, comme je l'ai déjà observé, le coloris entier de Gil Blas rappelle sans cesse, malgré son titre et ses noms propres espagnols, et la nation à laquelle son auteur appartenait, et le siècle où il vivait. Il suffit, pour se convaincre de la vérité de cette assertion, de comparer l'*Histoire de Guzman d'Alfarache*, roman véritablement espagnol, traduit très librement par Le Sage, avec le Gil Blas de cet auteur ; car on sera nécessairement frappé de la grande différence qu'il y a encore, sous le point de vue que je viens d'indiquer, entre la production originale de l'écrivain français et le roman espagnol, malgré les grands et importans changemens que le traducteur y a faits.

Je n'entrerai pas, à ce sujet, dans de plus grands détails, ni ne m'arrêterai à indiquer les noms des personnages, contemporains de Le Sage, dont il a fait les portraits dans Gil Blas, sous des noms déguisés, tels que le médecin Hecquet, le comédien Baron, Voltaire même, comme on croit, ni les faits et anecdotes, arrivés de son temps ou avant lui en France, et qu'il a insérés dans ce roman ; le comte François de Neuf-château et d'autres ont donné, à cet égard, les renseigne-mens les plus complets et les plus propres à satisfaire le lec-teur curieux. Je n'ajouterai qu'une seule observation, qui dans sa généralité me semble, plus que tout autre argument interne et puisé dans la nature même du roman, propre à prouver que Gil Blas ne peut être que l'ouvrage d'un auteur français ; c'est la circonstance, que la satire qui assaisonne ce roman, et en rend la lecture si piquante, frappe également toutes les conditions, tous les états, tous les rangs, même les plus élevés. Rien de pareil n'a lieu dans les ouvrages comi-ques et satiriques des Espagnols, à l'exception peut-être du seul Don Quichote. La littérature comique de ce peuple, du moins l'ancienne, empreinte de la gravité et de la fierté na-tionales, est essentiellement *aristocratique*, c'est-à-dire qu'on n'y rit jamais aux dépens des personnages d'un rang élevé, pas même d'Espagnols indépendans et honorables, de *gentle-men* (caballeros). Ce ne sont guère que les valets et les per-sonnes qui excercent des professions viles et abjectes, les *pi-caros*, qu'il est permis de livrer à la risée. Les écrivains espa-gnols répugnent à peindre bas, vils ou ridicules des person-nages distingués ; dans leurs anciens ouvrages dramatiques on trouve des caractères odieux, criminels et vicieux, mais dont les défauts et les vices, même, sont empreints d'une certaine dignité ou *grandezza ;* mais, en général, il n'y a guère que les valets, les *picaros* qui soient ridicules ou même *plai-sans.* Jamais auteur espagnol du dix-septième siècle ne se serait avisé de raconter, par exemple, des aventures telles que la plupart de celles qui sont rapportées dans Gil Blas, comme étant arrivées à la cour de Philippe III et de Philippe IV, surtout jamais dans l'esprit et de la manière dont elles y sont racontées. Jamais l'idée ne lui serait venue de peindre, tels qu'ils sont peints dans ce roman, des personnages comme le Duc de Lerme, le comte de Lémos, son neveu, Don Rodrigue Calderon, son premier secrétaire etc., ni surtout comme ce bon archevêque de Grenade, si plaisant par sa petite vanité de prédicateur.

Mais pour revenir une dernière fois à l'hypothèse de l'existence d'un manuscrit espagnol de Gil Blas, hypothèse qui a été la source de toutes les attaques dirigées, depuis plus de cinquante ans, contre l'originalité de ce roman, non seulement cette hypothèse, dénuée d'ailleurs, comme nous l'avons vu, de toute preuve sérieuse, paraît être insoutenable par toutes les raisons que nous avons données, il existe des documens, accessibles à tout le monde, qui détruisent jusqu'à sa possibilité. Ces documens renferment les matériaux espagnols et autres, dont Le Sage s'est servi pour construire quelques parties de son ouvrage, et donnent, en même temps, la mesure véritable et exacte de l'étendue et de la nature de cette imitation, dont depuis la naissance même de Gil Blas, on a fait souvent un reproche à son auteur, mais toujours d'une manière vague et incertaine. A leur tête se trouve le roman espagnol, dont nous avons déjà parlé plus haut, et qui a pour titre *Relaciones de la vida del escudero Marcos de Obregon* par Vicente Espinel (1). Ce roman se distingue de tous ceux que j'ai cités plus haut (p. 58) et parmi lesquels je l'ai rangé ; ce n'est pas, à proprement parler, un roman *picaresque :* il est tout aussi rempli d'aventures, mais le ton général en est plus grave, plus sérieux, le héros n'est pas un *picaro*, mais un individu né de parens honorables, homme d'honneur lui-même, bien

____

(1) Voir la seconde note de la page 58.

élevé et plein de qualités estimables, en un mot, un digne re-
présentant des classes moyennes de son temps, que des malheurs ont forcé à se faire *escudero*. (Voir la note de la
p. 35).

Or il résulte de la lecture attentive de ce livre que Le
Sage, non seulement y a pris, comme on l'a dit assez vaguement, l'épisode de l'histoire du barbier Diego de la Fuente, et
encore quelques traits isolés, mais bien qu'il en a emprunté
plusieurs morceaux très étendus, des histoires et aventures
entières, qu'il a insérées dans Gil Blas, après les avoir plus
ou moins modifiées et adaptées au plan général de son ouvrage (1). Outre cela il a puisé encore (nous ne parlons pour
le moment que d'emprunts, plus ou moins considérables) dans
cet autre roman espagnol, intitulé Vie d'Estevanille Gonzalès
(voir la note de la page 58) et dans l'ancien roman ou conte
Milésien, *l'âne d'or* d'Apulée, ou plus probablement dans l'imitation très modernisée de l'ouvrage latin par *Firenzuola*, auteur toscan du seizième siècle, laquelle est regardée comme
classique en Italie et que Le Sage, qui connaissait cette partie
de la littérature italienne, aussi bien que la littérature espagnole, avait lue sans doute.

Nous allons faire suivre maintenant la liste complète de
tous les endroits, plus ou moins étendus de Gil Blas, dont on
peut montrer que Le Sage les a pris dans des ouvrages imprimés espagnols ou autres. Nous dirons tout, et ne cacherons
ou ne dissimulerons rien, dussions nous sembler prêter des
armes à ceux qui attaquent l'originalité du chef-d'oeuvre de
cet auteur. D'abord et avant tout, il faut dire la vérité quand

(1) Voltaire parlant, je crois, d'après le dictionnaire historique de
Moréri, s'est donc le plus approché de la vérité, en indiquant (siècle de
Louis XIV) *la vida del escudero Marcos de Obregon*, comme une source
de Gil Blas ; mais il est allé beaucoup trop loin, en avançant au hazard,
que Le Sage *a pris* son roman dans l'ouvrage espagnol.

on la connaît, et puis ces emprunts mêmes, que Le Sage a faits, et qui semblent au premier coup d'oeil détruire son titre d'originalité, établissent au contraire, quand on les connaît bien et qu'on examine la manière dont Le Sage les a employés, mettent hors de tout doute, la véritable originalité, l'originalité bien entendue de l'ouvrage. français. Voici cette liste : Dans le roman espagnol, *Relaciones de la vida del escudero Marcos de Obregon*, ont été pris

1° L'idée de la préface ou du prologue du roman (Gil Blas au lecteur) avec l'anecdote des deux étudians, dont l'un trouve un trésor dans un tombeáu (1).

2° L'aventure avec le parasite qui escroque un souper à Gil Blas (Histoire de Gil Blas. liv. I. chap. 2) (2).

3° L'histoire de la tentation, dans laquelle tombe le muletier, qui conduit Gil Blas à Salamanque avec ses suites immédiates (liv. I. chap. 3) (3).

4° Le récit de la manière dont Gil Blas tombe dans les mains des voleurs, à la fin du même chapitre. Le trait le plus remarquable de cet endroit du roman espagnol, la grâce procurée à l'un des voleurs, par suite d'un mouvement de reconnaissance dans un individu, qui avait été son prisonnier, Le Sage l'a employé, en changeant les personnages et en y mettant plus d'intérêt dans un autre endroit (liv. III. chap.·2) (4). Mais la description de la caverne des voleurs, ainsi que plusieurs détails et circonstances du séjour que Gil Blas fit parmi eux, (à compter du chap. 4. liv. I. jusqu'au 10ième) ils sont

(1) Relaciones de la vida del escudero Marcos de Obregon : *El Prólogo al lector*.

(2) Ibid. Relacion primera, Descanso noveno. *Descanso* (repos, pause, palier d'escalier etc.) est le titre que l'auteur place à la tête des chapitres des livres ou parties *(relaciones)* dont se compose son ouvrage.

(3) Ibid. Relacion primera, Descanso décimo.

(4) Relacion primera, Descanso catorceno.

évidemment une imitation ingénieuse d'une histoire semblable, racontée dans l'*Ane d'or* d'Apulée et de *Firenzuola!* (1).

5° L'idée générale et quelques détails de l'aventure avec la courtisane Camille (liv. I. chap. 16). Le Sage y a pris, entre autres, le nom de l'aventurière. Mais l'aventure, elle-même, qui a de si tristes suites pour Gil Blas, finit tout à fait à l'honneur et à la satisfaction de l'escudero. Je rends attentif, en passant, à cette circonstance pour faire voir avec quel goût parfait et quel habile calcul, dans l'intérêt de l'art, Le Sage sait changer (ce qu'au reste il fait partout) les idées qu'il emprunte, pour les adapter à l'esprit et au plan de son ouvrage (2).

6° Dans l'histoire du barbier Diego de la Fuente, le récit de la résolution que prend ce dernier de quitter la maison paternelle pour voyager et voir du pays, avec les paroles que son père lui adresse à son départ, et quelques autres détails (liv. II. chap. 7) (3).

7° Dans la même histoire l'aventure du barbier avec la femme du médecin (4).

8° Quelques détails plaisans de la même aventure (5).

9° L'anecdote du défi, fait à Don Matias de Silva, et la réponse plaisante qu'il y fait. (liv. III. chap. 8) (6).

10° Dans le long épisode, enfin, formé par l'histoire de Don Raphaël (liv. V. chap. 1) le récit de la manière dont cet aventurier et ses compagnons tombent au pouvoir de corsaires d'Alger dans un antre de l'île déserte de la Cabrera (7).

(1) Dell' Asino d'oro di Apulejo, traslatato da messer Agnolo Firenzuola, di latino in lingua toscana; lib. IV—VI.
(2) Relaciones de la vida del escudero Marcos de Obregon, Relacion tercera, Descanso octavo.
(3) Relacion primera, Descanso segundo.
(4) Ibid.
(5) Ibid.
(6) Relacion segunda, Descanso cuarto.
(7) Relacion segunda, Descanso séptimo.

11° L'aventure avec le soldat estropié qui demande l'aumône, en ajustant les passans avec son escopette (liv. I. chap. 2) a été prise dans le roman, intitulé *El soldado Pindaro* (1).

12° Une vieille comédie espagnole, intitulée, *Todo es enredos amor, y el Diablo son las mugeres* (Tout est intrigue en amour, et les femmes y jouent le rôle dú Diable) a fourni l'idée de l'histoire de l'intrigue galante qui se passe entre Donna Aurora de Guzman et Don Louis Pacheco (liv. IV. chap. 6).

13° Enfin dans le roman espagnol *Vida y hechos de Estevanillo Gonzalez* Le Sage a pris plusieurs traits et détails de l'histo re de Scipion, valet puis secrétaire de Gil Blas (liv. X. chap. 10), nommément l'aventure que Scipion a avec le joueur Don Abel, et toutes les circonstances dont se compose le récit de la représentation théâtrale, qui a lieu dans le palais de l'archevêque de Séville (jusqu'au titre de la pièce représentée, *Los Benavides* de Lope de Vega) la fuite du jeune Scipion avec son riche costume de théâtre etc..(2).

Du reste, les histoires et récits, empruntés au roman de *Marcos d'Obregon* (ce que Le Sage a pris dans d'autres ouvrages ne sont que des fragmens et des traits isolés) ne se trouvent pas dans Gil Blas dans la même suite et le même enchaînement de faits, dans lequel nous les lisons dans le

---

(1) Voir à la p. 58 la liste des anciens romans espagnols.

(2) Il n'est, peut-être, pas hors de propos de faire remarquer ici, que c'est surtout pour les deux premiers tomes de son roman, qui parurent séparément en 1715, que Le Sage paraît avoir puisé dans des sources étrangères; il y a placé, notamment, tout ce qu'il a pris (et c'est l'emprunt le plus considérable qu'il ait fait) dans le roman de Marcos d'Obregon. Dans les deux derniers tomes, qu'il publia successivement en 1724 et 1735, et qui portent plus évidemment encore, que leurs devanciers, tous les caractères d'une origine française (le troisième surtout, le plus parfait de tous), il semble avoir suivi plus rarement des modèles espagnols.

roman espagnol. L'auteur français, les détachant sans plan déterminé, de cet ordre et de cet enchaînement, dans lesquels ils se trouvent dans l'original, les a incorporés à son ouvrage, sans aucune suite et souvent dans des endroits, très éloignés les uns des autres, de manière qu'ils se trouvent liés, dans les deux romans, à des événemens tout a fait différens, tant à leur naissance que dans leurs suites et résultats. Souvent aussi Le Sage n'a employé qu'une partie, qu' un certain nombre de circonstances des récits qu'il a empruntés, omettant le reste, ou le changeant et le modifiant, pour le faire entrer dans le plan général de son propre ouvrage.

Il faudrait connaître et avoir lu tous les romans espagnols de l'espèce de ceux que nous avons examinés, et qui se trouvent en très grand nombre dans quelques bibliothèques publiques, pour savoir avec certitude si Le Sage y a pris encore d'autres matériaux, de la même espèce, pour la composition de son roman de Gil Blas. Pour moi, je n'ai plus rien trouvé malgré les recherches que j'ai faites, et ce que Llorente cite quand il abandonne un moment son hypothèse favorite de l'existence du prétendu manuscrit, ce ne sont, comme tout ce qu'il allègue, que des assertions hazardées, avancées sans preuves, et sans indication de sources. Il est très probable, cependant, que Le Sage a fait encore d'autres emprunts, outre ceux que nous avons fait connaître, nommément pour les *nouvelles* et autres épisodes, qu'on trouve dans Gil Blas. Mais, dans tous les cas, ces emprunts ne peuvent avoir été faits qu'à des ouvrages inconnus, devenus très rares ou entièrement disparus de nos jours et dont, par conséquent, on peut supposer, sans leur faire injure, qu'ils étaient plus que médiocres, du moins pour la forme et le style.

Après tout, une certitude entière à cet égard n'est d'aucune importance. Car après tout ce que nous avons dit et après ce que le lecteur verra encore dans les pièces justificatives, et de la nature des matériaux employés par Le Sage et de la manière dont il les a mis en oeuvre, le titre d'originalité de cet auteur, si l'on prend ce mot dans le ·sens où il doit être pris quand il s'agit d'un ouvrage d'art, devient incontestable. En effet, pas au même degré sans doute, que l'emploi des matériaux nécessaires dans les productions des arts du dessin ou des arts dits plastiques, l'invention du sujet dans les compositions poétiques est subordonnée à l'exécution ; elle y est même regardée souvent comme étant de peu ou de nulle importance. Ce qui se dit, par exception, de quelques objets d'art dont la matière est très précieuse, que le prix du travail y surpasse celui de la matière, est règle générale, dans le rapport du sujet à l'exécution de l'ouvrage, pour toutes les oeuvres poétiques, excellentes dans leur genre. Le Sage eût-il pris chez d'autres le sujet ou les matériaux de toutes les parties de son roman (ce qu'il est impossible de dire de Gil Blas) comme Shakespeare, qu'on est convenu pourtant de regarder comme le plus original des poètes modernes, a pris dans des nouvelles ou d'anciennes chroniques les sujets de ses drames, souvent avec tous les détails, il n'en serait pas moins un romancier éminemment original. Il est original, en effet (pour ne pas sortir du genre des romans et des nouvelles) au même titre et au même degré, que Lucien et Apulée, qui ont imité les *contes milésiens*, que Boccace et même l'Arioste, qui ont fait des emprunts aux *fabliaux* et à d'autres ouvrages des anciens poètes français, que La Fontaine, qui a traduit ou imité si l'on veut, à son tour, Boccace et l'Arioste. On m'objectera peut-être ici Don Quichote, où le mérite de l'invention est si grand, si frappant ; mais dans ce chef-d'oeuvre l'invention est si intimement liée à l'exécution, elle en fait tellement une partie essentielle, que les deux mérites, également éminens dans le roman espagnol, en sont devenus inséparables. Mais ce mérite même de l'invention si grand, si incontestable qu'il soit dans Cervantes, lui appartient-il donc exclusivement? Ne peut-il pas, du moins, avoir conçu l'idée de son roman après la lecture du poème de l'Arioste? Voltaire, vers la fin de sa carrière admirateur enthousiaste du poète italien, après avoir rendu attentif à l'ironie perpétuelle qui règne dans l'*Orlando furioso*, et à la folie du héros, va jusqu'à dire, que ce poème renferme, à la fois, l'*Iliade et Don Quichote* (1). Quoi qu'il en soit, on pourra dire, toujours, et on aura raison de le faire, que Don Quichote est un ouvrage bien plus admirable encore que Gil Blas, et que tous les romans, en général, à quelque genre qu'ils appartiennent.

Quant à Gil Blas, nous osons croire que pour les lecteurs. qui ne se sont pas encore formé un jugement bien arrêté sur le mérite d'originalité de ce roman, cet essai pourra servir à le leur faire former. Ils ne pourront pas se refuser, du moins, à l'évidence de preuves fondées sur des documens certains, encore existans. Ils ne pourront pas non plus contester la certitude du fait, reconnu en partie et que nous croyons avoir prouvé en son entier dans cet essai, que Le Sage, quoiqu'imitateur dans un genre inventé chez une nation étrangère, a véritablement *créé* ce genre, qui est seulement représenté en Europe par son Gil Blas et ses autres romans, ainsi que par les nombreuses imitations qui en ont été faites, depuis plus d'un siècle, chez toutes les nations. Sans Le Sage ce genre n'existerait pas même dans la littérature moderne, puisque les romans espagnols qui ont été publiés, il y a deux siècles, et qui ont ouvert la carrière, seraient restés toujours aussi inconnus, aussi peu lus qu'ils le sont de nos jours, même dans le pays qui les a vus naître.

(1) Voir l'article *Epopée* dans le Dictionnaire philosophique (Questions sur l'Encyclopédie).

IV

PIÈCES JUSTIFICATIVES.

Nous donnons ici dans une traduction, comme pièces justificatives, une partie des documens dont nous avons fait voir, plus haut, qu'ils renferment des matériaux que Le Sage a employés pour la composition de son ouvrage. Nous avons pris tout ce que nous avons traduit dans le seul roman de *Marcos d'Obregon*, par ces deux raisons. D'abord c'est à cet ouvrage que Le Sage a fait son emprunt le plus considérable, le seul en même temps, qui mérite un examen sérieux ; les morceaux qu'il y a pris sont nombreux et étendus. Ensuite, il est fort supérieur pour la composition, en général, pour le langage et le style aux autres romans espagnols de la même époque ; il en diffère beaucoup, du moins, ces derniers étant tout à fait intraduisibles, de nos jours. En même temps, malgré le ton d'une plus grande décence et de meilleur goût, qui y règne, en général, il y a encore assez des défauts des autres romans de la même espèce et de la même époque, pour mettre le lecteur en état de juger de la prodigieuse différence qu'il y a entre l'oeuvre de Le Sage, et le meilleur des ouvrages qui lui ont servi de modèle.

Pour atteindre complètement ce but de procurer au lecteur la possibilité de former, à cet égard, un jugement conforme à la vérité et bien arrêté, nous avons fait notre traduction avec toute la fidélité, toute l'exactitude possibles. Nous nous sommes efforcé, avec un soin minutieux, de tout rendre ; longueurs et autres défauts de style, atteintes portées au bon goût et jusqu'aux nombreuses crudités de l'original. Car il ne s'agissait pas ici de le faire goûter des lecteurs, en le modifiant ou en l'adoucissant, selon les exigences de l'esprit et du goût français, mais de faire lire la traduction à ceux qui ne savent

pas l'espagnol, en recevant de cette lecture la même impres--
sion, à peu près, que s'ils lisaient l'original même.

I

PROLOGUE DU ROMAN, VIE DE L'ESCUDERO MARCOS DE OBREGON.

Après une longue discussion, remplissant quelques pages
du livre, des motifs qui l'ont engagé à publier la *Vie du pauvre
escudero*, et des irrésolutions qui ont précédé cette publication,
l'auteur en vient enfin à l'apologue, qui contient l'application
morale qu'il veut qu'on fasse de son ouvrage, idée sur laquelle
roule aussi la préface de Gil Blas. Nous faisons parler maintenant l'auteur espagnol, lui-même.

«C'est parcequ'on ne lit pas les auteurs morts, et qu'on ne
fait pas attention dans les vivans, aux secrets renfermés dans
ce qu'ils enseignent, qu'on ne leur accorde pas les éloges qu'ils
méritent. Car ce n'est pas l'écorce seulement qu'on doit regarder; il faut pénétrer plus avant avec les yeux de la réflexion. D'un autre côté, les auteurs, pour être plus anciens,
n'en sont pas meilleurs, et pour être plus modernes, ils n'en
sont pas moins utiles et moins dignes d'être estimés. Celui
qui se contente de la seule écorce, ne tire aucun fruit du travail de l'écrivain; mais celui qui le considère avec les yeux de
l'âme, en tire des fruits merveilleux.»

«Deux étudians se rendaient d'Antequéra à Salamanque;
l'un était d'un caractère léger et insouciant, l'autre d'un esprit
réfléchi; l'un grand ennemi du travail et de l'étude, l'autre
amateur infatigable de la langue latine; et quoique très différens en toutes choses, ils étaient semblables en une seule,
c'est qu'ils étaient pauvres l'un et l'autre. Ils cheminaient donc
à travers ces plaines et ces campagnes étendues, mourant de
soif, lorsqu'ils arrivèrent près d'un puits, où ayant étanché

leur soif, ils aperçurent une petite pierre, avec une inscription en lettres gothiques, à moitié effacées par les années et les pieds du bétail qui passait et venait s'y abreuver; laquelle inscription contenait ces mots deux fois répétés : *conditur unio, conditur unio*. L'étudiant peu instruit dit : Pourquoi cet ivrogne a-t-il donc gravé deux fois la même chose sur cette pierre? car c'est le propre des ignorans d'être téméraires dans leurs jugemens. L'autre se tut; car il ne se contenta pas de l'écorce et il dit : Je suis fatigué et je crains la soif; je ne veux pas me fatiguer davantage ce soir. Restez donc, comme un fieffé paresseux que vous êtes, dit l'autre. Il resta, en effet, et ayant bien examiné l'inscription, après avoir nettoyé la pierre, et dégagé le sens caché des paroles, de l'écorce qui le couvrait, il se dit à lui-même : *Unio* signifie union, et *unio* signifie, en même temps, perle précieuse; je veux voir quel secret est caché ici. Il leva la pierre, l'étayant le mieux qu'il put, et trouva l'*union d'amour*, au tombeau, des deux amans d'Antequéra (1), et au cou de la femme une perle plus grosse qu'une noix, attachée à un collier; le tout valant quatre mille écus. Il remit la pierre à sa place, et prit un autre chemin.»

«Le conte est un peu long, mais il est d'une grande importance pour faire connaître la manière dont on doit lire les auteurs; car ni les temps ne sont toujours les mêmes, ni les âges de la vie ne s'arrêtent dans leur marche. Quant à moi, je voudrais que dans ce que j'ai écrit personne ne se contentât de lire l'écorce; car dans mon *Escudero* il n'y a pas une seule

____

(1) Ce sont les héros d'une aventure, arrivée du temps des guerres contre les Maures, dont l'un était un Espagnol, captif à Antequéra, l'autre une jeune Maure, convertie par le Chrétien. Les deux amans réussirent à s'enfuir d'Antequéra, mais ils périrent dans la fuite. La mémoire de cette aventure est encore vivante de nos jours, dans la tradition, et elle est célébrée par les romances populaires de la province de Grenade.

page qui ne renferme un objet particulier, outre celui qu'elle montre mais seulement en apparence. *Et cela je ne commence pas à le faire*, à l'époque actuelle de ma vie, mais je l'ai toujours fait, tant en me raillant que sérieusement, et jusqu'au milieu des égaremens de ma jeunesse ; âge dont j'ai regret, au fond de l'âme qu'il soit passé pour moi, et Dieu veuille que le repentir suive les fautes et les erreurs.»

II

L'AVENTURE AVEC LE PARASITE.
(Gil Blas liv. I. chap. 2.)

Le héros du roman, Marcos de Obregon, part de Ronda, ville du royaume de Grenade et lieu de sa naissance, pour se rendre à Salamanque, où il compte faire ses études, et dans sa route il passe par Cordoue. C'est dans cette dernière ville qu'il a l'aventure que nous allons rapporter. Il n'a pas mis encore le costume particulier des étudians, en Espagne, et se promène dans la ville, en habit de cavalier et ayant au côté une longue rapière, présent de son père. C'est dans ce costume qu'il se montre dans différens endroits de la ville, entre autres à l'église, où il parle à plusieurs personnes.

«Je retournai à mon auberge, où je mangeai ce qu'on me servit ; c'était un jour maigre. Lorsque j'allais me mettre à table, un grand fourbe (il y en a de fort rusés à Cordoue) s'approcha de moi. Ce devait être un grand batteur de pavé ; il devait m'avoir entendu parler à d'autres dans la cathédrale, où c'était le Diable qui parlait par sa bouche. Seigneur soldat, me dit-il, vous croyez, peut-être, qu'on ne vous a pas reconnu ? Eh bien, sachez que depuis plusieurs jours votre réputation est parvenue jusqu'ici et s'y est répandue. Je suis un peu vain, de ma nature (j'ai tort de dire un peu seulement) ;

je crus ce qu'il me débitait, et je lui dis : vous me connaissez donc ? Il répondit : de nom et de réputation, il y a plusieurs jours ; et en disant cela, il s'assit à côté de moi et me dit encore : vous vous nommez N.. et vous êtes grand latiniste, poëte et musicien. La tête me tourna de ces éloges, et je l'invitai à dîner. Il ne s'en fit pas prier ; il mit la main sur une omelette et du poisson, qu'on m'avait servis, et les mangea. J'en demandai davantage et il dit : Madame l'hôtesse, (il ne logeait pas dans cette auberge) vous ne savez pas qui vous possédez dans votre maison. Sachez, continua-t-il, que vous voyez devant vous le plus habile garçon qu'il y ait dans toute l'Andalousie. Il augmenta ma vanité, et moi j'augmentai les portions des mêts que je mis sur son assiette. Comme notre ville abonde en hommes de talent, reprit-il, ils vont à la recherche, et ont connaissance de tous ceux qui se trouvent dans cette province.

Mais vous ne buvez pas de vin ? Non, Monsieur, répondis-je. Vous avez tort, dit-il ; vous êtes en âge d'en boire, et en voyage et dans les auberges, où l'eau est ordinairement mauvaise, c'est une chose salutaire que de boire du vin. D'ailleurs, vous allez à Salamanque, ville où l'air est si froid et si vif, qu'une cruche d'eau y ruine souvent la santé d'un homme. Le vin trempé d'eau réjouit le coeur, vivifie le teint, chasse la mélancolie, fait supporter les fatigues de la route, donne du courage au plus lâche, adoucit le sang, et fait oublier tous les chagrins. Il me dit tant de bien du vin, que j'en demandai une pinte du meilleur. Il le but à lui tout seul ; car pour moi je n'osai pas. Le brave homme but, et se remit sur le chapitre de mes louanges ; et moi je continuai à les écouter avec plaisir, et à leur douce saveur à commander toujours de nouveaux plats. Il se remit à boire, et invita même quelques camarades qui survinrent, et qui étaient tout aussi dégourdis que lui, disant que j'étais un Alexandre. Puis, me regardant,

il dit : je ne me lasse pas de vous regarder ; vous êtes donc ce
N.. ! Il y a par ici un gentilhomme qui est un si grand enthousiaste des hommes de talent, qu'il donnerait avec plaisir deux
cents ducats pour vous voir dans sa maison.»

«Je ne tenais plus dans ma peau, de plaisir, enflé par tant
d'éloges ; et à la fin du repas, je lui demandai qui était ce
gentilhomme. Il me dit : allons le trouver dans sa maison ; je
veux vous ménager une entrevue avec lui. Nous nous mîmes
en chemin, suivis de ses compagnons, dont j'ai parlé plus haut ;
et après avoir traversé le faubourg de Saint-Pierre, nous trouvâmes dans une maison de belle apparence un aveugle, qui paraissait être un homme de qualité. Alors mon pendard, se mettant à rire, me dit : voici le gentilhomme qui donnerait deux
cents ducats pour vous *voir*. Fâché de la plaisanterie, je lui
dis : Et moi je les donnerais volontiers pour vous voir pendu
à une potence. Ils me plantèrent là, et je restai tout plein de
colère et regardant la plaisanterie presque comme un affront.
Il avait pourtant dit la vérité, puisque l'aveugle aurait bien
donné tout ce qu'il possédait, pour me voir.»

III

LA TENTATION QU'EUT LE MULETIER ET SES SUITES.
(Histoire de Gil Blas liv. I. chap. 3.)

Le jeune Marcos d'Obregon part précipitamment de Cordoue avec un muletier, en compagnie de quelques étudians.
La cause de cette précipitation est la crainte qu'il a du parasite, assisté de ses compagnons, dont il a trouvé le moyen de
se venger de la manière la plus sensible ; car comme je l'ai
déjà fait remarquer, au contraire de Gil Blas, il se tire toujours
plus ou moins à son honneur de toutes les aventures où il est
engagé. Le muletier ne les traite pas trop bien dans la route,

et les fait aller souvent à pied pour ménager ses mules. Mais laissons parler le héros du roman, lui-même.

«Le muletier était un homme d'un caractère opiniâtre et d'une humeur brusque, et tout fait pour manquer de respect aux étudians novices. Il résolut, en conséquence, de nous jouer un tour, lorsque nous fûmes arrivés dans un petit bourg. En le faisant, il avait un double but, celui de ménager ses mules, et celui de livrer assaut à la chasteté d'une petite femme, de fort bonne grâce, qui allait en notre compagnie, en la privant de l'appui d'un certain employé, qu'elle devait épouser et qui voyageait également avec nous. Il prétendit qu'on lui avait volé une grande bourse de cuir, pleine d'argent, et que la justice allait venir pour nous mettre tous en prison, et nous faire donner la question jusqu'à ce qu'on eût découvert le voleur. Il ajouta, en jurant, qu'il le ferait comme il le disait, qu'il nous laisserait dans la prison, et qu'il irait seul avec ses mules et aussi loin qu'il pourrait; et pour des jeunes gens sans expérience, comme nous, la moindre de ces menaces suffisait pour nous effrayer. Nous le crûmes, comme si la vérité elle-même avait parlé par sa bouche; et il exagéra tellement les choses qu'il nous fit faire (après ce que nous avions déjà marché la veille) plus de cinq bonnes lieues encore ce soir et cette nuit. Et nous ne marchions pas, nous courions à travers les montagnes et les champs non cultivés, loin du grand chemin, et sans guide qui pût nous donner des renseignemens sur notre route. Le muletier resta, tourmentant avec ses déclarations d'amour et des propos inconvenans la pauvre femme qui était seule et sans défense.»

«Mais la chose ne se passa pas, comme il l'avait espéré. La femme qui était vertueuse et ne manquait pas de courage, après s'être défendue de la violence qu'il voulait lui faire, trouva moyen de lui échapper. Elle alla trouver l'alcade, et lui dit avec de grandes démonstrations de douleur, que le

muletier avait imaginé une ruse, une fourberie, pour abuser
d'elle, après l'avoir privée de la protection de celui qui l'accompagnait. Le brave homme la crut, tant parcequ'il connaissait l'effronterie et les mauvais procédés du muletier, que
pour empêcher que dans la suite il n'arrivât quelque malheur
à la pauvre femme. Il fit donc venir le muletier, et en le ré-
primandant sur ce qu'il avait fait à la pauvre femme, et sur la
cruauté dont il avait usé envers nous autres, il lui commanda de
fournir bonne caution que dans la route qui restait à faire, il
traiterait bien la femme, sans lui faire injure ni offense, ajoutant que s'il ne le punissait pas sévèrement, il le faisait pour
ne pas retarder le voyage des étudians. Il l'avertit de bien
prendre à ce qu'il ferait, parcequ'il le punirait avec la dernière
rigueur, et sans avoir égard à rien, s'il lui arrivait de com-
mettre quelque méchanceté dans la route. Il lui commanda,
en outre, de se mettre en route le lendemain de très grand matin, pour ramasser sur les chemins les étudians, demi-morts
de fatigue et de faim.»

Voilà dans le récit de cette aventure ce qui se rapporte à
l'histoire de Gil Blas. On connaît les suites qu'elle eut pour
lui ; celles qu'elle eut immédiatement et prochainement pour
l'escudero sont tout à fait différentes. J'ai hésité longtemps à
traduire le reste de ce récit. Il contient une des deux scènes
mélodramatiques, qu'on trouve dans ce roman et qui plus que
tout le reste le distinguent essentiellement des romans *pica-*
resques, proprement dits, et font contraste avec eux. Je me
suis résolu pourtant, enfin, à le faire à tout risque ; j'ai cru
que cela était nécessaire pour donner au lecteur, qui veut se
former une opinion fondée sur Le Sage et Gil Blas, une idée
complète de l'esprit et du ton de tous les romans espagnols de
cette époque.

IV

SUITES DE L'AVENTURE.

«Nous autres, cependant, nous continuâmes notre route, et
de peur d'être aperçus si nous marchions en troupe, nous nous
séparâmes, chacun de nous prenant la route qui lui semblait
la meilleure. Je suivis une espèce de sentier, bien planté
d'arbres, et je fis mon possible pour ne pas trop rester en arrière des autres. Mais j'étais tellement excédé de fatigue,
qu'en peu de temps je n'entendis plus rien du tout. J'appliquai
mon oreille contre terre (car de cette façon on entend mieux
les pas de ceux qui marchent, même dans le lointain); mais
je n'entendis rien qui pût me faire croire que je n'étais pas
seul. Je m'assoupis, et sommeillai un moment, et aussitôt
après je me remis à courir, mais je revenais au même endroit,
au lieu d'aller en avant; de manière, que plus je courais,
moins j'avais de chance de rejoindre mes camarades. Il me
semblait que j'entendais aboyer des chiens derrière moi, et
en effet, comme mes camarades marchaient très vite, ils effa-
rouchaient ces animaux, à mesure qu'ils passaient.»

«Comme je n'étais pas exercé à marcher longtemps, et que
la veille nous n'avions presque fait que cela, le sommeil me
força bientôt à me souvenir que c'était là l'heure de dormir;
et n'en pouvant plus, pour avoir tant couru, je cédai à la fatigue et me livrai au sommeil. Je choisis un liège, dont le
tronc était très épais, et sans écorce sur un de ses côtés, de
manière qu'il formait un appui, à la façon d'une armoire pra-
tiquée dans un mur, contre lequel je pus m'asseoir, et y appuyer mes épaules moulues de fatigue. Je m'endormis; mais
comme on ne dort pas bien assis, je me laissai tomber de côté,
comme un objet inanimé. Je me réveillai, au bout de quelque
temps, et il me sembla que des fourmis marchaient sur mon

visage ; je les écartai de la main, et me retournai de l'autre
côté. Je m'éveillai de nouveau, en éprouvant la même sensation. Mais comme ma fatigue était extrême et mon sommeil
très profond, quoique je ne fusse pas sans quelque crainte, à
cause de la solitude dans la quelle je me trouvais, je me laissai
retomber une troisième fois du même côté, et dans la même
posture qu'auparavant.»

«Peu de temps après (il est vrai que dans le sommeil il
n'y a pas de mesure pour le temps) je m'éveillai en sursaut
au son des *hélas* mélancoliques d'une voix brisée par la douleur, son qui semblait sortir des entrailles de la terre, et qui
fit naître dans les miennes une sensation, tellement en harmonie avec lui, qu'il s'en fallut peu que je ne perdisse le sentiment et la vie. Mais retenant mon haleine, tant par crainte
que pour écouter mieux, j'entendis le même son plus près de
moi ; mais comme il y avait là un buisson, assez élevé, je ne
voyais pas l'instrument qui le rendait. J'allais mourir, en effet,
de terreur ou m'abandonner à quelque faiblesse, indigne d'un
homme de coeur, quand, assez près de moi pour que je pusse
distinguer une masse sans forme, la voix se fit entendre une
troisième fois, et dit ces paroles : Hélas, malheureuse que je
suis, plus malheureuse et plus délaissée que ceux qui souffrent
l'esclavage et la captivité dans les cachots de Maures cruels et
impitoyables ! Hélas, malheureuse que je suis, plus infortunée
et plus à plaindre que celles qui ont vu mettre en pièces leurs
enfans devant leurs yeux ! Hélas, privée que je suis de toute
consolation et de tout espoir, plus encore que ceux qui ont
été condamnés à mort par la sentence d'un juge rigoureux !
O lieu maudit, arbre exécrable et témoin de deux morts, pour
lesquelles je donnerais mille vies, si je les possédais ! Quelles
cérémonies religieuses accompagneront au tombeau celle qui
désire mourir désespérée et privée d'elles ! car elle a résolu
de se donner la mort à elle-même Les larmes, avec lesquelles

je me livrerai à cétte mort désespérée qui me fuit si opiniâ-
trement, pourront-elles être assez abondantes? Que de nuits,
que de jours n'ai-je pas passés dans ces lieux, pour voir
s'il ne me sera pas permis enfin d'accompagner ce cadavre
mutilé?»

«Je me levai et me trouvai tout près d'elle, sans qu'elle
fît le moindre mouvement, tandis que moi-même je tremblais
de tous mes membres. Elle me dit alors: Es-tu, par hazard,
quelque ombre envoyée de la région des morts, pour m'em-
mener auprès de mon époux et de mon amant? Si tu habites
en effet ces lieux, tu dois savoir qu'à cette place même où tu
te trouves, mon amant donna la mort à mon époux, à mon
insu, pour me posséder seul et avec plus de liberté; et que
sur cet arbre, près de toi, l'amant qui m'était resté, comme
une consolation, souffrit la peine de son crime. Tu le vois là,
au-dessus de ta tête, pendu à cet arbre et servant de pâ-
ture aux oiseaux et aux vers.»

«Plein de trouble et d'effroi je levai la tête, et je vis (car
le jour commençait à paraître), oui je vis celui dont étaient
tombés les vers qui avaient marché sur mon visage, et que
j'avais crus être des fourmis. J'avoue qu'à la vue de l'horrible
apparition de la femme désespérée et de l'épouvantail infect
suspendu à l'arbre, je serais tombé sans sentiment et sans vie,
si le jour n'était pas apparu tout à fait. Ce qui contribua encore à me rassurer, ce fut d'entendre le son des grelots et des
clochettes des bêtes du muletier qui sortaient du village. Car
comme je l'ai dit plus haut, croyant aller en avant, j'étais
revenu sur mes pas; et quant au muletier, on l'avait forcé de
partir plus matin qu'il n'avait coutume de faire, afin qu'il eût
le temps de ramasser dans la route les étudians à qui il avait
joué ce vilain tour. La misérable femme, cependant, conti-
nuait à me parler: Et si tu es un être de ce monde, dit-elle,
fuis loin de ce lieu exécrable, et laisse-moi continuer mes fu-

nérailles accoutumées, nourriture désespérée dont je me repais tous les matins.»

«Je dois avouer ici que cette infortunée avait bien pu me prendre pour un fantôme, pour quelque horrible vision sortie d'un sépulcre depuis longtemps fermé. Car l'effroi avait creusé mes joues, allongé mon visage et changé sa couleur de rouge en pâle et livide; le manque de sommeil avait enfoncé mes yeux, les faisant reculer jusqu'à l'occiput; la faim avait allongé mon cou d'une aune et demie, et la fatigue paralysé mes bras et mes jambes; et par-dessus tout cela j'avais roulé mon manteau autour de ma tête, en forme de turban. Voyez, si ce n'était pas là une figure, qui pouvait passer pour un être de l'autre monde; et encore, je ne dis pas tout pour mon honneur. Je ne pus lui répondre une seule parole, ni lui offrir du secours, car j'en avais besoin, moi-même. Cependant je n'avais pas la force de m'éloigner de cette femme, qui était plus qu'horrible; elle avait les yeux enfoncés dans la tête et d'un rouge enflammé, le nez allongé, le visage ridé et famélique, les dents jaunes, les lèvres noires, le menton pointu et un cou qui ressemblait à une langue de boeuf; elle se tordait les mains, qui ressemblaient à des serpens, liés en deux bottes. Tout le reste en elle était à l'unisson.»

«La terreur avait tellement troublé mon esprit et glacé tout mon corps, qu'il me fut impossible, d'abord, de m'éloigner d'elle. Enfin, me ranimant et rassemblant toutes mes forces, je réussis, quoiqu' avec beaucoup de peine, à mouvoir les jambes, semblable à un taureau, à qui, dans une course, on a coupé les jarrets (1). Et maudissant la solitude et ceux qui peu-

(1) Dans les courses de taureaux on coupe quelquefois les jarrets aux taureaux, avec un instrument tranchant ressemblant à une faucille, ce qui les oblige à tomber sur leurs genoux et à se traîner ainsi dans l'arène.

vent l'aimer, je gagnai enfin le grand chemin, où le muletier m'ayant aperçu, etc.»

V

LA CAVERNE DES VOLEURS.
(Histoire de Gil Blas, liv. I. chap. 3—10.)

L'histoire suivante, tirée également de la *Vie de l'escudero Marcos de Obregon,* paraît avoir fourni l'idée de l'aventure qui conduit Gil Blas au milieu des voleurs. Mais cette histoire n'a aucun rapport au héros du roman; l'auteur la place dans son livre, comme un épisode, et comme une aventure véritable qui lui est arrivée à lui-même (1).

«Par suite d'une dispersion des étudians de Salamanque, causée par une rencontre ou querelle, que le corrégidor, Don Enrique de Bolaños, eut avec l'université, ou plutôt avec les étudians, gent turbulente et toujours prête à se soulever pour la moindre cause, la ville resta sans étudians; et l'auteur de ce livre, aussi, se rendit au lieu de sa naissance, comme les autres. D'ailleurs le temps des vacances (époque désirée par les étudians pour leur récréation) était proche. Lui—même était si pauvre qu'il voyageait comme les apôtres, c'est-à-dire à pied. Un jour, à l'entrée de la nuit, il arriva près des ventas de Murga (2); et comme on ne voulut pas l'y recevoir (car il n'avait pas l'air d'aller faire une grosse dépense), il passa outre marchant seul et en chantant, car la voix humaine est admirablement faite pour accompagner ceux qui n'ont pas d'argent sur eux qu'on puisse leur prendre. Tout à coup, quatre

(1) C'est-à-dire au chanoine-poète, Vicente Espinel.

(2) Les *ventas,* comme on sait, sont des auberges isolées, une espèce de caravenserais, qui se trouvent ordinairement à une grande distance des endroits habités.

hommes armés d'arbalètes se mirent dans son chemin, et lui demandèrent d'où il venait. De Salamanque, répondit-il. Et qui avez-vous laissé en arrière, demandèrent-ils? C'est tout le contraire qui arrive, répondit-il; car c'est moi que tout le monde laisse en arrière, parceque je ne marche pas vite. Pourquoi n'êtes-vous donc pas resté dans l'auberge? continuèrent-ils à le questionner. À quoi l'étudiant répondit: comme je n'ai ni argent, ni monture, dont l'hôte puisse tirer du profit, il m'a ordonné en élevant la voix, de m'éloigner à l'instant même de l'auberge; et moi j'élève ma voix à Dieu, pour qu'il m'accompagne et juge la cruauté de ces aubergistes. Là-dessus le plus jeune de ces arbalétriers, prenant la parole, dit: Seigneur étudiant, nous vous faisons toutes ces questions, pour apprendre s'il n'y a pas de voyageurs venant après vous, qui puissent nous acheter du gibier, dont nous avons grande abondance et peu d'acheteurs. Puis se tournant vers ses compagnons, il dit: je suis indigné des mauvais traitemens et de la cruauté, dont ces aubergistes usent envers les voyageurs à pied, et touché de l'extrémité à laquelle je vois réduit cet étudiant. Menons le à notre demeure, et Dieu nous récompensera un jour de cette bonne action. Il serait bien mieux de le tuer, dit un des autres (cette circonstance l'étudiant l'apprit dans la suite), pour qu'il ne puisse pas dire qu'il nous a rencontrés et effrayer les voyageurs. Bref, le jeune homme fit tant et s'y prit si bien, qu'ils menèrent avec eux le héros de cette aventure. Il paraît, au reste, que c'était là le meilleur parti qu'ils pussent prendre dans la situation où ils se trouvaient alors.»

«Il alla avec eux, ou plutôt ils l'entraînèrent à travers des taillis, et par des chemins et sentiers ténébreux, cachés et pleins de détours. Comme la nuit était tout à fait venue, et qu'on entendait le bruit des torrens qui se précipitaient dans les abîmes, et le mugissement du vent qui secouait les arbres avec violence, tandis que la crainte transformait, aux yeux de l'étudiant, jusqu'aux buissons, en hommes armés prêts à le jeter dans ces profondeurs infernales, il marchait en regardant le ciel avec une dévotion fervente, tout en bronchant sur la terre, mais ayant toujours bon courage, et parlant sans donner le moindre signe de crainte. Ils arrivèrent enfin au lieu de leur retraite, qui ressemblait plus à un terrier de renards qu'à une habitation d'hommes. Ils retirèrent de la cendre, qui la cachait, une grande quantité de braise, qui paraissait être de très bon bois de chêne, et allumèrent, pour s'éclairer, de grosses branches de sapin qui leur servirent de flambeaux, et leur procurèrent une lumière suffisante pour toute la nuit. Le souper consista en de bonnes et fortes tranches de venaison, à moins qu'elles n'eussent appartenu à quelque pauvre voyageur. L'étudiant se donnait toutes les peines du monde, et mettait tout en oeuvre pour se rendre agréable à leurs yeux : il leur faisait des contes et leur disait des histoires pour les amuser ; il les louait du parti qu'ils avaient pris de vivre ainsi dans cette solitude, éloignés du tumulte du monde, leur disant que l'exercice de la chasse était une occupation de gentils-hommes et de grands seigneurs, et que sans doute ils étaient d'un sang illustre puisqu'ils s'y adonnaient. Si dans la conversation il leur échappait quelque sottise, il se récriait et les louait, comme s'ils avaient dit la plus belle chose du monde. À l'un il disait qu'il avait bonne mine, à l'autre, que sa démarche était noble et gracieuse, à un troisième, qu'il avait de l'esprit ; car dans de pareilles situations, la politesse mêlée d'affabilité et de prudence adoucit les coeurs les plus sauvages, et apprivoise jusqu'aux bêtes féroces. Dans les dangers la nécessité engendre la force de la faiblesse même ; et d'un autre côté, avec des hommes de cette espèce, la crainte fait naître le soupçon, tandis que le courage indique un esprit franc et confiant. Montrer du trouble ou de l'effroi dans des circons-

tances où le mal, quoiqu'il soit à craindre, n'est pas encore
venu, c'est l'appeler et le hâter; tandis que c'est nous exposer
nous-mêmes, et rendre notre sûreté douteuse, si dans la réalité il n'y avait rien à craindre. L'étudiant se comporta si bien
dans la compagnie de *ces chasseurs de chats morts et farcis* (1),
qu'après l'avoir si bien reçu et fait souper avec eux, ils lui
donnèrent encore, pour la nuit, deux peaux de brebis, pour
coucher dessus.»

«Le lendemain, avant le point du jour, ils le firent déjeû-
ner, et le jeune homme dont il a été question plus haut, et
qui était le moins âgé des quatre, le mit dans son chemin et
lui dit, en même temps, le danger qu'il avait couru et auquel
il l'avait fait échapper, et qu'en retour de ce service, il le
priait de ne dire à personne ce qui lui était arrivé. Ils prirent
congé l'un de l'autre, et l'étudiant continua son chemin, en
tournant la tête à tout moment, car il lui paraissait quil n'é-
tait pas entièrement en sûreté. S'il rencontrait quelque voyageur, il lui disait de ne pas continuer à marcher dans le même
chemin, parceque lui-même y avait été poursuivi par un ser-
pent d'une grandeur énorme; il n'osait pas dire autre chose,
car il lui semblait qu'ils étaient toujours là, et qu'ils l'enten-
daient.»

«Enfin, pour abréger cette histoire, l'auteur après avoir
voyagé pendant plus de vingt ans dans l'Espagne et hors d'elle,
prit enfin l'état que Dieu lui avait réservé. Il se retira dans
sa ville natale, qui est Ronda (2); et s'étant fait prêtre, il y
desservit une place de chanoine, dont le gratifia le roi Philippe II le Sage. Vingt-deux ou vingt-trois ans s'étaient écou-
lés depuis son aventure avec les brigands, lorsqu'il arriva

(1) Jeu de mots, fondé sur ce double sens du mot espagnol *gato*, qui
signifie chat et un ceinturon de cuir en forme de bourse, où les voyageurs serrent leur argent.

(2) Ville du royaume de Grenade, située sur une haute montagne.

qu'on se mit à la recherche de trois fameux voleurs, dont on
avait appris qu'ils se trouvaient à Ronda. On les arrêta et on
les mit en prison; là on leur donna la question, et ils avou-
èrent tout sur le champ. L'auteur fut envoyé auprès d'eux,
pour les confesser. En entrant dans la prison il fut frappé de
l'aspect de l'un de ces prisonniers, et de telle manière qu'il
se sentit vivement ému à sa vue. En cherchant à se rendre
compte du sentiment extraordinaire qu'il éprouvait, il reconnut que ce prisonnier était l'homme qui lui avait sauvé la
vie dans la Sierra-Morena. Il avisa à un moyen de lui montrer
sa reconnaissance du bien qu'il lui avait fait; et comme il lui
parut que l'affaire était trop avancée, pour demander la grâce
d'un homme convaincu par ses propres aveux, il alla trouver
le juge et lui dit, que s'il ne faisait pas surseoir à l'exécution
de l'homme en question, il perdrait l'occasion de découvrir
un secret de la plus grande importance. Le juge fit mener au
supplice les deux autres, et réserva celui-ci pour qu'il dé-
couvrît la grande conspiration, dont le confesseur lui avait
parlé. Quelque temps après, lorsqu'il pressa ce dernier d'en-
gager enfin le prisonnier à faire ses aveux, il lui répondit:
Seigneur, poussé par la pitié et le sentiment de la reconnaissance, j'ai inventé ce que j'ai communiqué à votre seigneurie;
cet homme m'a sauvé autrefois la vie, je l'ai retrouvé après
un long temps, et je voudrais lui rendre le bien qu'il m'a fait.
Songez que la miséricorde est une attribution des juges, aussi
bien que la justice elle-même. Je supplie donc votre seigneurie, par la miséricorde infinie de Dieu, d'avoir pitié d'un
homme qui lui-même s'est montré si compatissant. Le juge
répondit: je songe à un moyen de mettre à couvert, en même
temps, ma réputation, et d'accéder à votre demande en sau-
vant la vie à cet homme, qui le mérite à cause de son bon
coeur. L'arrêt qui le condamne n'est pas encore ratifié, et
pour ce cas il y a une loi en Espagne, qui nous autorise à

commuer la peine de mort en celle des galères. En considé-
ration de votre extrême désir de rendre à cet homme le bien
qu'il vous a fait, je veux profiter de cette loi, puisqu'il n'y a
personne qui se porte partie contre lui, et l'envoyer simplement aux galères, où il pourra faire pénitence de ses péchés.»

«L'auteur se mit à genoux, en rendant grâces à Dieu, et
en remerciant le juge de cet arrêt, inspiré par la pitié. Il en
porta la nouvelle au prisonnier, qui s'était cru perdu, et qui
respira de nouveau, en passant ainsi de la mort à la vie; et
quant à l'auteur, lui-même, il fut au comble du bonheur,
d'avoir pu faire preuve de reconnaissance dans un moment si
critique. C'est ainsi que les bonnes actions trouvent toujours
leur récompense, soit dans ce monde, soit dans l'autre.»

Le Sage s'est servi de la dernière partie de cette histoire
dans un autre endroit de Gil Blas (Tom I. liv. III. chap. 2.),
où il raconte comment le corrégidor de Léon obtient du roi la
grâce du capitaine de voleurs Rolando, qui avait sauvé la vie
à son fils pris par les voleurs, et qu'il a été obligé de condam-
ner à mort, en sa qualité de juge. L'auteur français y trans-
forme en un récit très dramatique une simple anecdote, intéressante, à la vérité; et c'est un exemple, entre tous les autres
que nous offre Gil Blas, du pouvoir qu'a le poète romancier,
de faire une oeuvre d'art d'un des matériaux qu'il emploie.

VI

SUITE DE L'HISTOIRE DES VOLEURS.

Dans la description de la caverne des voleurs, dans la
peinture de certains détails qui s'y rapportent, ainsi que dans
le récit de plusieurs des circonstances qui accompagnent le
séjour de Gil Blas parmi les voleurs, et de la manière dont il
se sauva de la caverne, Le Lage a évidemment suivi une

histoire semblable, racontée dans l'*Ane d'or* d'Apulée, ou ce qui est plus probable et revient au même, dans la traduction ou imitation de ce roman ancien par *Firenzuola*, auteur italien du seizième siècle. C'est l'endroit où le héros de l'histoire métamorphosé en âne par une bévue de la servante d'une magicienne, est pris par des voleurs, vit quelque temps parmi eux, et trouve enfin moyen de s'échapper (1).

Déjà dans la description de la caverne, demeure des voleurs, où Gil Blas est conduit, Le Sage semble avoir eu devant les yeux une description semblable, quoiqu'un peu plus longue et plus détaillée, de la place forte ou château des brigands, dans l'Ane d'or de Firenzuola.

Récit de Gil Blas.

«Après quelques détours que nous fîmes dans un grand silence, nous nous trouvâmes au pied d'une colline où nous descendîmes de cheval. C'est ici que nous demeurons, me dit un des cavaliers. J'avais beau regarder de tous côtés; je n'apercevais ni maison ni cabane, pas la moindre apparence d'habitation. Cependant ces deux hommes levèrent une grande trappe de bois, couverte de terre et de broussailles, qui cachait

Récit de l'Ane d'or.

Era adunque un monte altissimo, alpestre, scuro, e tutto dï salvatichi arbori ripieno, fralle cui ravviluppate spalle, di asperi sassi e per questo tutto inaccessibili, abbondantissime, apparivano alcuni pronfondissimi valloni, e con profondissimi fossi d'acqua di pungentissimi sterpi, senza numero, ricoperti, i quali circuendo quel monte, giù da basso intorno, con naturale siepe, vietavano il potervisi valicare. Veniva quest'acqua da

(1) Dell' asino d'oro di Apulejo, traslatato da Messer Agnolo Firenzuola, di latino in lingua Toscana ; lib. IV e seguenti.

l'entrée d'une longue allée en pente et souterraine, où les chevaux se jetèrent d'eux-mêmes, comme des animaux qui y étaient accoutumés. Les cavaliers m'y firent entrer avec eux ; puis baissant la trappe avec des cordes qui y étaient attachées pour cet effet, voilà le digne neveu de mon oncle Perez pris comme un rat dans une ratière. Je connus alors avec quelle sorte de gens j'étais.» (Hist. de Gil Blas, liv. I. chap. 3 et 4.)

una fontana, che in sulla cima del monte, sempre di sonagli ripiena e brillando, era abondevolissima d'ogni tempo. Nasceva sulla più alta parte della montagna una altissima torre, con graticci di legname, commodo stallaggio per le pecore ; e inanzi a la porta si distendevano due ale di chiudenda, ovvero steccato di legname, in guisa di muro, da ogni lato : a rifar sia di mio, se alla prima giunta tu non l'avessi giudicata una stanza da ladri ecc. (Dell'Asino d'oro lib. IV.)

A partir d'ici l'imitation devient toujours plus marquée, et non seulement l'histoire du séjour de Gil Blas dans la caverne des voleurs, et de la manière, dont il s'en échappe, nous apparaît en général comme une imitation, très libre à la vérité, de la même histoire dans l'Ane d'or, mais plusieurs détails encore et plusieurs circonstances de cette dernière reparaissent dans le roman français, quoique le dessin et le coloris en soient différens.

C'est ainsi que dès le commencement du récit de l'Ane d'or, nous rencontrons la figure originale de la vieille cuisinière, *Dame Léonarde*, qui occupe une place si distinguée dans le tableau de la caverne des voleurs, dans Gil Blas ; sa personne y est décrite, à peu près de la même manière, quoique moins en détail, et elle y joue à peu près le même rôle que celui que Le Sage lui fait jouer.

Récit de Gil Blas.

«Nous sortîmes de l'écurie; et à la lueur de quelques autres lampes, qui semblaient n'éclairer ces lieux que pour en montrer l'horreur, nous parvînmes à une cuisine où une vieille femme faisait rôtir des viandes sur des brasiers, et préparait le souper. La cuisinière (il faut que j'en fasse le portrait) était une personne de soixante et quelques années. Elle avait eu dans sa jeunesse les cheveux d'un blond très ardent; car le temps ne les avait pas si bien blanchis, qu'ils n'eussent encore quelques nuances de leur première couleur. Outre un teint olivâtre elle avait un menton pointu et relevé, avec des lèvres fort enfoncées, un grand nez aquilin lui descendait sur la bouche, et ses yeux paraissaient d'un très beau rouge pourpré. Tenez, dame Léonarde, dit un de ces cavaliers, en me

Récit de l'Ane d'or.

Giunti adunque che furono costoro a questo luogo, posciachè eglino ebbero legate noi altre bestie con buoni funi inanzi a la porta, entrarono tutti in casa, senza aspettarsi l'un l'altro. E' si diedero assai importunamente a chiamare una certa vecchiarella, che per li molti anni già aveva fatto arco delle schiene, alla quale sola pareva che fosse commessa la cura di tutta quella famiglia, e dicevano: Tu sola, vecchia grinza, ecc. (Dell' Asino d'oro, lib. IV.)

présentant à ce bel ange de
ténèbres etc. » (Hist. de Gil
Blas, liv. I. chap. 4.)

Gil Blas, pris par les voleurs, est conduit par le capitaine
Rolando dans diverses salles et appartemens du spacieux souterrain où sont entassés les biens et marchandises volés ; ils
consistent en draps et étoffes de différentes espèces, en or et
en argent monnayé et en vaisselle et vases précieux. Ensuite
paraît le lieutenant de la troupe avec cinq autres voleurs,
qui reviennent chargés de butin. Le héros de l'ancien roman,
métamorphosé en âne, et placé dans la même situation que
Gil Blas, voit, de son côté, arriver de nouveaux voleurs dans
le château, qui se joignent aux premiers ; eux aussi, ils reviennent d'une expédition chargés d'un riche butin.

<table>
<tr><td>

Récit de Gil Blas.

«Comme le seigneur Ro-
lando achevait de parler de
cette sorte, il parut dans le
salon six nouveaux visages.
C'était le lieutenant avec
cinq hommes de la troupe,
qui revenaient chargés de
butin. Ils apportaient deux
mannequins remplis de
sucre, de cannelle, de poivre,
de figues, d'amandes et de
raisins secs. Le lieutenant
adressa la parole au capi-
taine, et lui dit qu'il venait
d'enlever ces mannequins à
un épicier de Benavente,
dont il avait aussi pris le
mulet.» (liv. I. ch. 5.)

</td><td>

Récit de l'Ane d'or.

E a fatica si erano posti
a sedere, eccoti venire più
che altrettanti giovani, i quali
subito che gli vidi, io giudi-
cai che fossero similmente
ladroni ; imperocchè ed essi
ancora, oltre a ch' e' non
avevano la miglior aria del
mondo, vennero carichi e
d'oro e d'argento, di veste
d'oro e di seta, e d'altre robe
di pregio. (Dell' Asino d'oro,
lib. IV.)

</td></tr>
</table>

Dans l'un et l'autre des deux romans est décrit le souper des voleurs, après la réunion de la troupe, et dans l'un et l'autre leur gaîté, à table, dégénère bientôt, en bruit et en tumulte. Dans Gil Blas le capitaine Rolando se lève alors, et impose silence aux voleurs; son autorité modère l'excès de cette joie tumultueuse, et sur la proposition qu'il en fait, les voleurs se mettent à raconter l'histoire de leurs vies. Dans l'Ane d'or aussi, un des voleurs qui sont arrivés les premiers, et qui paraît supérieur à tous les autres par son courage et sa grande force corporelle, se lève au milieu du tumulte; il arrête les éclats de rire et les chants, en racontant le succès d'une expédition brillante, dans laquelle il a pillé un riche palais. Il reproche aux derniers venus leur lâcheté d'être revenus sans leur vaillant chef; sur quoi l'un de ces derniers fait un récit détaillé de leur propre expédition et de l'accident malheureux, par suite duquel ils ont perdu ce chef.

<table>
<tr><td>

Récit de Gil Blas.

«Un grand plat de rôt, servi peu de temps après les ragoûts, vint achever de rassasier les voleurs qui, buvant à proportion qu'ils mangeaient, furent bientôt de belle humeur et firent un beau bruit. Les voilà qui parlent tous à la fois; l'un commence une histoire, l'autre rapporte un bon mot; un autre crie, un autre chante; ils ne s'entendent point. Enfin Rolando, fatigué

</td><td>

Récit de l'Ane d'or.

Si misero a tavola; e tratto per sorte chi avesse a servire, mangiarono così alla carlona: l'una vivanda era sopra l'altra, l'un pane adosso all' altro; una squadra di bicchieri, una filatessa d'orciuoli erano in sulla tavola. Mettono la casa a romore cianciando, cantano gridando, e scherzando si dicono villania; nè pareva altrimenti questo loro convito, che si paresse quello, secon-

</td></tr>
</table>

d'une scène où il mettait inutilement beaucoup du sien, le prit sur un ton si haut, qu'il imposa silence à la compagnie. Messieurs, dit-il, écoutez ce que j'ai à vous proposer. » Suivent les histoires racontées, d'abord par Rolando, lui-même, ensuite par les autres voleurs.

do chè scrivono i poeti, de' Centauri e de' Lapiti. E mentre tutta la casa ribombava del lor gridare e' si rizzò uno, il quale mostrava essere e colle forze e coll' ardire superiore a tutti gli altri, e disse : Noi avemo con grande animo certamente espugnata la casa di Petronio, ecc. (Dell' Asino d'oro libr. IV.)

Si nous continuons, dans Gil Blas, la lecture des événemens arrivés dans le souterrain, nous voyons les voleurs y conduire évanouie Donna Mencia de Mosquera, cette jeune et belle épouse de Don Alvar de Mello. Ils ont tué ce dernier avec tous ses gens, dans le combat de la forêt, immédiatement après la réunion aussi heureuse qu'inespérée des deux époux, qui semblaient perdus l'un pour l'autre. On abandonne cette dame, qui succombe à sa douleur, aux soins de la vieille Léonarde, qui s'efforce en vain de la rassurer et lui prodigue, à sa manière, des avis et des consolations. Gil Blas, de son côté, touché du sort malheureux de la dame, forme en secret le projet de se sauver avec elle de la caverne. Il s'encourage à profiter de l'absence des voleurs pour exécuter ce projet ; et il prend, en effet, la fuite avec la dame, après qu'ils ont lié la vieille Léonarde, qui seule aurait pu s'y opposer. Des événemens entièrement semblables, et en eux-mêmes et dans leur suite et ensemble, ont lieu dans *l'Ane d'or*. Nous y voyons traîner dans la demeure des voleurs une jeune fille, dont la beauté merveilleuse fait la plus vive impression sur le héros du roman, *tout âne* (comme il le dit lui-même) *qu'il était alors* (1). Cette jeune personne, les voleurs l'ont arrachée de la maison paternelle, et c'est (comme cela arrive aussi à Donna Mencia) dans la circonstance la plus heureuse de sa vie, le jour même où elle allait être unie à un jeune homme, également distingué par les dons de la nature et par ceux de la fortune, qu'elle aime et dont elle est aimée; et elle en a été arrachée dans le moment où sa mère était occupée à la parer pour la cérémonie de l'hyménée. Comme cela se passe dans Gil Blas, les voleurs après avoir essayé de la rassurer, l'abandonnent aux soins de la vieille dont il a été question au commencement. Celle-ci, après avoir entendu le récit de son histoire, s'efforce de la consoler (comme la vieille Léonarde le fait aussi dans Gil Blas) et en preuve de la vérité que souvent le comble du bonheur suit l'excès de l'infortune, elle lui raconte le mythe si connu de Psyché et de l'Amour. Comme Gil Blas, le héros de l'*Ane d'or* éprouve le désir de se sauver et de s'enfuir avec la jeune femme, comme lui, il s'exhorte à profiter courageusement de l'occasion favorable que lui offre l'absence des voleurs; et, comme lui, enfin, il exécute son projet avec l'aide de la femme, qui l'arrache courageusement aux mains de la vieille, monte sur lui et s'enfuit. Mais leur entreprise n'a pas le succès qu'a celle de Gil Blas; ils retombent au pouvoir des voleurs, qui les rencontrent dans leur chemin (Dell' Asino d'oro, lib. IV—VI.)

Monologue par lequel Gil Blas s'exhorte à prendre la fuite.	Le même monologue dans l'Ane d'or.
«Après leur départ que j'avais tâché de hâter par mes voeux, je me dis à moi-	Per che cagione non ti porti tu oramai da uom maschio, e mentre che tu puoi

(1) Ell' era finalmente così bella, che a me, *così asino come io era*, piacque ella maravigliosamente.

même : Oh ça Gil Blas, c'est à présent qu'il faut avoir de la résolution. Arme-toi de courage, pour achever ce que tu as si heureusement commencé. Domingo n'est point en état de s'opposer à ton entreprise, et Léonarde ne peut t'empêcher de l'exécuter. Saisis cette occasion; tu n'en trouveras jamais, peut-être, une plus favorable. Ces réflexions me remplirent de confiance. Je me levai. Je pris mon épée et mes pistolets etc.» (liv. I. chap. 10.)

cerchi la tua salute ? Tu hai una opportunità grande; fuggiti, mentre che i ladroni sono assenti. Avrai tu paura d'una vecchia mezzo morta? la quale tu potrai finire con un sol calcio de' tuoi piedi, ancorch' e' sieno zoppi. E con allegro sforzo rotta la fune, colla quale io era legato, mi diedi a correre quanto mai m'usciva di tutti quattro i piedi ecc.

On voit par ces fragmens de récit que j'ai cités et placés les uns à côté des autres, que les deux romans offrent, en effet, deux tableaux, dont les sujets sont, sinon entièrement les mêmes, du moins très semblables jusque dans les détails, quoiqu'on ne puisse s'empêcher de reconnaître, èn même temps, qu'ils sont peints avec un dessin et surtout un coloris différens.

VII

AVENTURE DU GARÇON BARBIER AVEC LA FEMME DU MÉDECIN.
(Hist. de Gil Blas, liv. III. chap. 7.)

Ce long fragment, le dernier que j'ai traduit, constitue le plus considérable des matériaux dont Le Lage s'est servi dans la composition de son roman. Plus que tous les autres

il donne. la juste mesure de l'étendue et de la nature de l'imitation que l'auteur français a faite. des romans espagnols. Il
fait surtout voir, avec la dernière. évidence, la grande différence qu'il y a entre les moeurs plus raffinées et poétique-
ment ennoblies, peintes dans Gil Blas, et les moeurs réelles
qui régnaient en Espagne et à Madrid, vers le commencement
du dix-septième siècle, telles qu'elles sont décrites avec la
plus grande vérité dans le roman d'Obrégon. Aussi j'offre ici
au lecteur la traduction la plus fidèle qu'il m'a été possible
de faire; je n'ai rien omis, rien adouci, et ne me suis pas
laissé arrêter par la crainte de blesser la délicatesse et d'offen-
ser le goût des lecteurs.

« Le médecin, au service duquel j'entrai en qualité d'escudero de sa femme (1), était un jeune homme d'un extérieur
avantageux, un peu hableur, avec un petit grain de folie dans
la tête, plus colère et plus prompt à se fâcher qu'un roquet de
boulanger (2), présomptueux et vain; et pour qu'il n'y eût
qu'un seul et pas deux ménages qui se perdissent, le sort
voulait qu'il fût marié avec une femme du même caractère
que le sien. Elle était jeune et très belle ; sa taille était élevée
et. fine, sans être grêle, sa démarche pleine de grâce ; elle
avait les yeux noirs et grands, les cils longs, les cheveux
châtains tirant un peu sur le roux ; elle était vive, vaine, pré-
somptueuse et pas médiocrement fière. »

«Le bon docteur me mena à sa maison, et la première
chose que j'y vis, fut une mule très maigre dans une écurie
qui lui allait si juste, que si elle avait eu des ailes elle n'y
aurait pas trouvé place. Nous montâmes un petit escalier, et de
plain pied nous entrâmes dans une salle, où se trouvait alors
la señora Doña Mergelina de Aïbar, c'est ainsi que la dame se

(1) Voir la note (1) de la page 35.
(2) *Gozque de panadero* ; locution proverbiale.

nommait. Je la regardai avec beaucoup de plaisir; car quoique je sois vieux et que l'âge et la raison aient étouffé en moi les désirs de la jeunesse, je la regardai longtemps, mais uniquement parcequ'elle était belle: car c'est le privilége de la beauté de plaire à tous les yeux.»

«Voici ma femme, dit le docteur, et c'est elle que vous servirez. Il est sûr, dis-je alors, qu'une dame aussi gentille méritait bien d'avoir un époux d'aussi bonne mine. Elle répondit à ce compliment en femme belle mais sotte, ou plutôt elle demanda: De quoi vous mêlez-vous, s'il vous plaît? Señora, lui répondis-je, je vous prie d'observer que si je vous ai appelée *gentille*, je n'ai pas voulu dire que vous n'étiez pas chrétienne, mais bien que vous êtes très gentille de corps et de figure (1). Je vous ai bien compris, dit-elle; mais c'est que je ne veux pas qu'il y ait quelqu'un, qui soit assez hardi pour oser me dire de ces douceurs là. C'est l'honneur et la vertu mêmes, dit alors le docteur; servez-la avec soin et selon son humeur, et vous serez content de moi.»

«Je pris tout le temps nécessaire pour examiner l'appartement, quoiqu'il ne me fallût que peu de temps pour le bien voir. Car je n'y aperçus autre chose qu'un très grand miroir suspendu à un trumeau fort étroit: auprès de lui quelques flacons et fioles, et un très petit coffre. En jetant les yeux dans un coin, j'y vis auprès d'une épée à deux mains ou espadon, des fleurets, des épées ordinaires, des dagues et une rondache. Le docteur me dit: Que vous semble-t-il de ma garde-robe? Regardez-la bien; on craignait cette épée là à Alcala. Je ne regardais pas pour cela, répondis-je; je cherchais la place des livres, car je les aime beaucoup. Voilà mes Galiens et mes Avicènes, dit-il; car pour l'escrime, soit avec

(1) On voit par ce jeu de mots, que le mot espagnol *gentil* a dans cette langue le même double sens, qu'il a en français.

7 *

le simple fleuret soit avec l'épée, je n'avais pas mon pareil à Alcala ; et si dans la nuit quelqu'un se frottait à moi, il ne sortait pas de mes mains sans avoir reçu quelque bon coup d'épée. Votre seigneurie, lui dis-je alors, a donc plus appris à tuer qu'à guérir. J'ai appris, répondit-il, ce que tous les médecins apprennent ; et comme il n'y a que peu de temps que j'ai fini mes études, je n'ai pas songé à faire provision de livres. Mais laissons cela, il se fait tard, et il faut accompagner votre maîtresse à la messe. »

« La señora Donna Mergelina mit sa mante, et je sortis avec elle et l'accompagnai au monastère de Saint-André. Dans notre chemin beaucoup de ceux que nous rencontrions, lui disaient (comme cela arrive bien) quelque chose de flatteur sur sa beauté et sa bonne grâce, mais elle y répondait avec tant d'aigreur, que tous la quittaient, aussi étonnés que fâchés de ses réponses. Je vous prie d'observer, señora, lui disais-je, que si vous ne voulez pas faire à tout le monde des réponses agréables, vous devriez du moins garder le silence, comme il convient à une dame de votre rang. Je ne suis pas femme, répondait-elle, à souffrir que quelqu'un me perde le respect. Si quelqu'un lui disait qu'elle était très belle, elle lui répondait, et vous êtes un beau rustre. Un jeune homme d'assez bonne mine, qui cherchait à faire le galant, lui jeta ces mots, en passant : Puissé-je voir de telles puces prendre leurs ébats dans mon lit ! Ce cochon doit dormir dans quelque étable, répondit-elle. En un mot, et alors et dans toutes les autres occasions, elle se montrait d'une humeur si revêche, si fière, si rébarbative dans ses réparties, qu'elle mécontentait tout le monde (1). Son orgueil reçut enfin le châtiment qu'il méritait et voici comment.»

(1) Ici suit dans l'original espagnol un long discours de deux bonnes pages, un véritable sermon que l'escudero fait à sa maîtresse sur sa conduite, et que je n'ai pas cru devoir traduire.

» Je recevais presque tous les soirs la visite d'un jeune
garçon barbier, de ma connaissance, qui avait une voix passable et chantait assez bien. Il portait avec lui une guitare,
dont il s'accompagnait en chantant des *tonadillas*, assis sur le
seuil de la porte de notre maison. Je l'accompagnais, moi, avec
ma voix de basse, qui n'est pas très belle ; mais quand deux
voix s'accordent bien et chantent juste et de concert, il en résulte une harmonie qui fait toujours plaisir. Aussi tout le voisinage se rassemblait-il pour venir écouter nos concerts. Le
jeune garcon pinçait continuellement sa guitare, moins pour
montrer qu'il savait en jouer, que pour se gratter par le frottement les poignets, qui étaient tout couverts d'une gale sèche
ou de chien (1). Ma maîtresse ne manquait jamais de descendre dans l'allée pour écouter nos chants ; et le docteur qui
revenait fatigué de ses visites (quoiqu'il n'eût pas coutume
d'en faire beaucoup) ne s'arrêtait ni à la musique, ni à l'attention très marquée que sa femme y prêtait. »

« Comme le jeune barbier était assidu dans ses visites du
soir, s'il arrivait qu'il y manquât une fois, ma maîtresse s'apercevait de son absence et demandait de ses nouvelles, en
témoignant qu'elle prenait plaisir à son chant. Enfin il cessa
entièrement de venir, cinq ou six jours de suite ; (il prenait
je ne sais quel remède pour se guérir) et comme les choses
les plus connues et les plus ordinaires, quand elles viennent
à nous manquer tout d'un coup, font sentir plus vivement
leur privation, elle me demandait chaque soir pourquoi il ne
venait plus. Señora, lui dis-je, ce jeune homme est un garçon
barbier ; et comme il est au service d'un autre, il ne peut pas
toujours disposer de son temps, comme bon lui semble. De
plus, dans ce moment même, il est retenu chez lui parcequ'il
prend des remèdes pour se guérir d'un peu de gale dont il

____

(1) Traduction littérale de l'espagnol *sarna perruna*.

est malade. Quelle est votre intention, dit-elle, en le rabais-
sant et le calomniant ainsi? Que parlez-vous de garçon barbier, de gale? Eh bien soit, avec tous les défauts que vous
lui prêtez, il y a telle femme qui l'aimerait encore. C'est bien
possible, répondis-je ; car le pauvre garçon est d'un caractère très doux, fort traitable et fort complaisant ; et il est certain que bien des fois je lui garde un morceau de ma pitance,
pour qu'il le mange, car il n'a pas toujours soupé quand il
vient. En vérité, dit-elle alors, il faut que je vous assiste
dans cette bonne oeuvre. En effet, depuis ce jour elle réser-
vait toujours quelque bon morceau pour lui, les soirs où il
venait à la maison. »

« Un certain soir il y arriva, en se plaignant, parcequ'on
lui avait jeté d'une fenêtre je ne sais quoi d'offensant pour le
sens de l'odorat. Ma maîtresse, en entendant ses plaintes, vint
dans l'allée et descendit même dans la cour, où il était occupé
à se nettoyer. Avec une charité exemplaire elle l'aida dans
cette occupation, et le parfuma avec des pastilles, en donnant
mille malédictions à celui qui l'avait mis dans cet état. Le
jeune garçon s'en retourna chez lui avec sa mésaventure, dont
la señora Donna Mergelina surtout fut fâchée, montrant autant
de colère que de compassion, au point que j'en fus surpris et
inquiet. Elle louait la douceur et la patience du jeune homme,
et exagérait le tort de celui qui l'avait éclaboussé. Bref, elle en
dit tant, qu'elle m'obligea à lui demander pourquoi elle res-
sentait si fort une chose, qui n'était après tout qu'un simple
accident, et non un effet de la méchanceté et de la malice.
A quoi elle répondit : Comment voulez-vous que je ne ressente
pas une injure faite à un agneau innocent, comme lui? à une
colombe sans fiel, à un enfant plein d'une douceur si angéli-
que, qu'il ne sait pas même se plaindre d'une offense si gros-
sière? Ah que je voudrais être un homme, dans ce moment,
pour le venger, et tout de suite après, de nouveau une femme,

pour le régaler et le dorloter. Señora, lui dis-je alors, que signifient ces nouveautés, ce changement de rigueur et de sévérité en douceur ? Depuis quand êtes-vous devenue si compatissante, depuis quand si sensible ? Depuis que vous-même, répondit-elle, êtes venu dans cette maison, et y avez porté ce poison renfermé dans une guitare, depuis que vous m'avez blâmée de mes rigueurs et de mes dédains ; depuis que, connaissant mon caractère intraitable et revêche, j'ai voulu essayer de le changer, en restant dans un juste milieu honnête, mais n'ai fait, au lieu de cela, que passer d'un extrême à l'autre » (1).

« Le lendemain le jeune homme vint à la maison, plus tôt que de coutume. Il avait mis une fraise, à la mode, en homme qui se voyait bien vu d'une femme, aussi belle que l'était ma maîtresse. Il arriva que trois ou quatre jours après on vint appeler le docteur Sagredo (2) (c'est ainsi que se nommait le médecin, mon maître) pour prendre soin d'un gentilhomme étranger, qui était malade à Caravanchel. On promettait, en même temps, de bien payer le voyage et la cure. Le docteur se réjouit beaucoup d'une aussi bonne affaire, à cause du profit qu'il en espérait tirer, et sa femme s'en réjouit encore plus, à cause du plaisir qu'elle s'en promettait. Il monta sur sa mule, et accompagné d'un laquais et d'un chien braque, qui ne le quittait jamais, il partit pour Caravanchel, à quatre heures du soir. Ma maîtresse, voyant que l'occasion

---

(1) La conversation continue sur ce ton entre la dame et son escudero, entremêlée de raisonnemens et de réflexions morales, que ce dernier ne manque pas de faire ; et elle remplit quatre grandes pages dans l'original espagnol.

(2) Remarquez, en passant, la ressemblance de ce nom avec celui de *Sangrado*, devenu si fameux par Gil Blas. Mais *Sagredo* ne signifie rien par lui-même, tandis que le nom de Sangrado (participe du verbe *sangrar*, saigner) est très significatif, et caractérise plaisamment le personnage qui le porte.

était si favorable, m'ordonna de tenir prêt un souper, le meilleur qu'il me serait possible de trouver. En même temps, elle ne cessait de me donner de bonnes paroles, en me promettant des effets encore meilleurs; car elle ne voulait pas que je misse obstacle à son coupable projet. »

« Le garçon barbier vint lorsqu'il commençait à faire nuit; et ayant commencé à chanter, comme à l'ordinaire, elle lui dit que c'était une chose inconvenante, et dont le voisinage pourrait se formaliser, que de chanter ainsi à sa porte, pendant l'absence de son mari, et qu'il devait entrer dans la maison même. Dès qu'il fut entré, elle lui ordonna de se mettre à table, voulant que le souper fût court, pour que la nuit fût d'autant plus longue. Mais à peine eûmes nous commencé à souper, que le braque entra dans la chambre, et sauta sur sa maîtresse en lui témoignant sa joie de la revoir (1). Le docteur revient, dit-elle; malheureuse que je suis! qu'allons nous faire? il ne doit pas être bien loin, car voici son chien. Je m'emparai du jeune homme et le mis dans un coin de la salle, en le couvrant d'une planche destinée à servir d'étagère pour des livres, de manière qu'on ne pouvait pas le voir (2). Dans ce moment le docteur parut à la porte en s'écriant : A-t-on jamais vu une pareille insolence? Envoyer chercher un homme comme moi, et faire venir un médecin d'un autre côté! Aussi vrai qu'il y a un Dieu, si l'on m'avait joué un pareil tour, il y a quelques années, on aurait trouvé à qui parler! Pourquoi vous fâcher, mon ami, dit la señora? Ne vaut-il pas mieux dormir tranquillement dans votre lit, que de vous fati-

(1) Il y a dans l'original : *Faisant à sa maîtresse mille démonstrations de joie, du nez et de la queue.*

(2) Pour la juste appréciation de l'esprit et des mœurs qui régnaient alors en Espagne, et du rôle que l'escudero joue dans cette aventure , il est bon de se rappeler que dans tout le cours du roman il est pourtant représenté comme un homme honorable et qui a reçu une bonne éducation.

guer à veiller un malade? Avez-vous des enfans qui vous demandent du pain? D'ailleurs vous venez fort à propos, et comme à point nommé. Car quoique j'aie pensé passer une nuit bien différente, il y avait là une voix intérieure qui me disait qu'il serait ainsi; et pour ce qui pourrait arriver, j'ai tenu le souper tout prêt. Y a-t-il au monde une femme, comme celle-là? dit le docteur. Tenez, déjà je n'ai plus ni chagrin, ni colère. Qu'ils aillent au diable, eux et leur argent; car j'aime mieux vous voir contente que tous les gains et profits du monde.»

« Le docteur cependant était descendu de sa mule, que le valet mit à l'écurie et lui donna à manger, après quoi il alla à sa demeure trouver sa femme; car il ne logeait pas à la maison. Le docteur se mit à table pour souper, en louant beaucoup la précaution de sa femme. Le malheureux braque cependant (cette espèce de chiens a l'odorat très fin) ne cessait de flairer la planche qui couvrait le garçon, grattant et grognant de manière que le docteur s'en aperçut, et demanda ce qu'il y avait derrière la planche. Je répondis promptement: C'est, je crois, une pièce de viande qu'on a mise là(1). Le braque recommença à grogner, et même à aboyer tout haut. Le docteur y fit plus d'attention qu'auparavant, et je vis aussitôt le mal qui en résulterait, si on ne trouvait pas quelque moyen de l'empêcher. Connaissant l'humeur du docteur, je m'avisai d'un expédient, qui par le succès qu'il eut se trouva être excellent. Je dis que j'allais chercher des olives de Séville (ils les aimaient beaucoup l'un et l'autre); et je m'arrêtai au bas de l'escalier, dans l'attente, de ce qui s'ensuivrait. Le braque ne cessait de gratter et d'aboyer, de manière que mon maître dit qu'il voulait aller voir pourquoi le chien s'obstinait ainsi à aboyer. Ce fut dans ce moment que

____

(1) Le mot espagnol *carne* signifie chair et viande de boucherie.

je me plaçai à l'entrée de la porte de la maison en criant de toutes mes forces : Seigneur docteur, on m'enlève mon manteau, seigneur docteur Sagredo, il y a ici des *tireurs de laine* qui me volent mon manteau(1). Mon maître, obéissant à son tempérament bouillant, et avec son agilité naturelle se leva et se mit à courir, et tout en courant il prit une épée, et en deux sauts il fut à la porte. Il me demanda où étaient les voleurs. Lorsqu'ils ont entendu nommer le docteur Sagredo, lui répondis-je, ils ont pris la fuite et courent-encore là bas dans la rue. Il se mit aussitôt à leur poursuite, et sa femme fit sortir le jeune homme sans manteau et sans chapeau, et mit la pièce de viande derrière la planche, comme je le lui avais fait entendre. »

« Tout jusqu'alors était allé à merveille ; mais le jeune homme était si troublé, si étourdi par la peur, et il tremblait si fort, qu'il ne put pas arriver assez vite à la porte pour éviter de rencontrer mon maître à son retour. Ce fut alors que j'eus besoin de toute ma présence d'esprit pour parer à ce nouveau danger qui était plus pressant que le premier. Aussi avant qu'il eût eu le temps de faire une question, je lui dis : Ils ont volé aussi le manteau de ce pauvre garçon ; et ont voulu le tuer par-dessus le marché ; c'est pourquoi il s'est réfugié ici en fuyant ; et la crainte l'empêche de retourner chez lui. Comme les hommes d'un tempérament colérique sont naturellement compatissans, mon maître aussi le fut pour notre jeune homme. N'ayez pas peur, lui dit-il ; dans la maison du docteur Sagredo, où vous êtes, personne n'osera vous attaquer. Attaquer, dis-je alors ! Lorsqu'ils ont entendu nommer le docteur Sagredo, il paraissait que des ailes leur fussent venues aux pieds. Je vous en réponds, dit-il ; si j'avais pu

(1) En espagnol *capeadores* tireurs ou voleurs de manteaux (capa, capear.)

les rejoindre, je vous aurais vengé, vous et mon escudero, et
ils n'auraient jamais plus volé de manteaux. »

« Ma maîtresse, qui jusqu'alors s'était arrêtée dans l'allée,
toute troublée et tremblante, voyant que le mal avait été si
promptement réparé, et qu'au lieu de la fureur et de ses san-
glans effets, son mari ne montrait que de la compassion, voulut aider, de son côté, à l'invention, et se mit à dire : A-t-on
jamais vu chose pareille ? Ne laissez pas aller ce pauvre garçon ; il suffit du malheur qu'il a essuyé déjà, empêchons, du
moins, que ces voleurs ne le tuent. Il n'ira pas sans que je
l'accompagne, répondit le docteur. Mais dites-moi, comment
tout cela s'est-il donc passé, mon brave garçon ? Mon maître,
Juan de Vergara, répondit le barbier, m'avait envoyé chez
certaine dame pour la saigner au pied, et j'y allais gaîment,
lorsque l'ange aux pieds fourchus me suscita l'aventure que
vous savez. L'occasion de faire cette saignée se présentera,
n'en doutez point, dit la señora ; et pour le moment, soyez
sans crainte, mon ami, car vous êtes dans la maison du docteur Sagredo. Montez là haut, dit celui-ci au barbier, et quand
vous aurez soupé, je vous escorterai jusqu'à votre maison.
Le braque, qui s'était mis aussi à la poursuite des voleurs
de mon invention, revint bientôt à la planche ; et si d'abord il
y avait gratté à cause de l'homme, il le faisait alors pour la
viande, dont l'odeur flattait agréablement ses narines. Mon
maître, voyant que l'animal persévérait, ôta la planche, et
trouva la pièce de viande qu'on y avait mise, ce qui le rassura
et lui fournit une occasion de louer la finesse de l'odorat de
son chien. »

« Ma maîtresse, quoiqu'elle fût sortie heureusement de
tous ces dangers, n'en persista pas moins dans son dessein,
et me donna à entendre que je ne devais pas laisser aller le
jeune homme ; mais c'était précisément ce que je désirais surtout. On soupa, et après le souper le docteur voulut ramener

le barbier chez lui, et quoique j'appuyasse sa proposition, ma maîtresse s'y opposa en disant qu'elle ne voulait point qu'il s'exposât au péril de rencontrer les voleurs et d'être attaqué par eux ; et quoiqu'une pareille rencontre soit peu de chose pour votre valeur, ajouta-t-elle, les transes dans lesquelles je serais pourraient avoir des suites funestes pour moi, qui ai l'espérance d'être enceinte. Quant à ce jeune garçon, il pourra coucher avec l'escudero qui est de sa connaissance, et demain matin il retournera chez lui. Eh bien, dit le docteur, il en sera comme vous dites, puisque vous le voulez ainsi, pour moi je vais me coucher, car je suis un peu fatigué. Ils se mirent au lit ensemble, mais la femme ne dormit point, elle était trop occupée de ses pensées et de ses projets. Enfin elle eut une idée diabolique, qui fut pour elle une source de peine et de douleurs, et qui aurait pu lui coûter la vie. »

« La salle était si petite, que de mon lit à celui des époux il y avait à peine une distance de quatre pas, et le moindre bruit qu'on faisait dans l'un pouvait s'entendre dans l'autre (1). Elle vit donc bien, que de ce côté là elle ne pouvait rien entreprendre. La mule d'un autre côté, était si sauvage, que lorsqu'elle n'était pas attachée elle alarmait tout le voisinage par le tapage qu'elle faisait, et qu'il fallait de toute nécessité la ramener dans l'écurie. Il parut donc à la señora Donna Mergelina, que si elle se levait pour détacher la mule, elle aurait le temps de revenir au lit avant que son mari s'éveillât pour aller l'attacher de nouveau, et que dans l'intervalle qui

---

(1) Par la mention de cette circonstance et la description, qui a été faite du logement au commencement de ce récit, il paraît que l'appartement du docteur consistait en une seule pièce, qui servait à la fois de salon, de salle à manger et de chambre à coucher commune pour les deux époux et l'escudero, leur seul domestique. Et c'était là l'état de maison d'un docteur de Madrid, au commencement du dix-septième siècle.

devait nécessairement s'écouler, avant qu'il eût pu la rattra-
per et l'*attacher* dans l'écurie, elle aurait le temps de *se perdre*
elle-même (1). Et comme les femmes sont promptes à exécuter les résolutions qu'elles ont prises, aussitôt qu'elle vit que
son mari était bien endormi, elle se leva tout doucement du
lit, alla à l'écurie et détacha la mule, dans l'espérance qu'elle
pourrait regagner le lit avant que son mari ne s'éveillât. Mais
la chose arriva autrement qu'elle n'avait pensé; car il parut
que la mule et le mari s'étaient donné le mot, l'une pour sortir sur le champ de l'écurie, en faisant du bruit avec les
pieds, l'autre pour se réveiller et l'entendre si promptement
qu'il se leva dans le moment même, en donnant au diable la
mule et celui qui la lui avait vendue; et si la femme n'était
pas entrée dans l'écurie, elle se serait trouvée face à face avec
son mari. Il prit une grosse baguette de bois de saule qu'il
trouva sous sa main, et se mit à en étriller la mule, qui s'é-
tant réfugiée dans son écurie ne put s'y tenir qu' avec peine,
à cause de l'hôte, de nouvelle espèce, qu'elle y trouva. D'un
autre côté, la petitesse de l'écurie fut cause que la dame ne
put se mettre à couvert qu'avec la mule, elle-même, de manière qu'elle reçut sur sa peau délicate une bonne partie des
coups, administrés avec cette baguette qui était flexible. »

« Pendant tout ce temps là je me tenais sur l'escalier,
dans les transes cruelles de celui, qui se trouve sur l'échelle
sous la potence, attendant le moment où le bourreau l'en pré-
cipitera; car je voyais et j'entendais tout sans pouvoir y porter remède. Le braque, entendant tout ce bruit et flairant la
chair nouvelle dans mon lit, se mit à aboyer contre le barbier
et à le mordre tout de bon, de sorte que la femme entre les

(1) Il y a, dans l'original, une espèce de jeu de mots sur les termes
trabar et *destrabar*, employés ici, dont le premier signifie *attacher* et le
second *détacher*, puis *détruire, perdre.*

mains de son mari, et le garçon sous les dents du chien payè-
rent la peine de la faute qu'ils n'avaient pas encore commise.
Enfin, voyant que mon maître donnait libre carrière à sa fureur, sans se douter de tout le mal qu'il faisait, je lui dis :
Prenez garde, seigneur, à ce que vous faites ; songez que les
coups dont vous rouez la mule, vous les donnez dans le visage
de la señora, qui l'aime prodigieusement parcequ'elle porte
votre seigneurie. Rendez grâce, madame la mule, à ce qu'on
me dit là de votre maîtresse, dit le docteur ; car j'étais en
train de vous en donner jusqu'au matin. Mais n'y a-t-il rien
par ici pour attacher cette mule ? demanda le docteur.
Je me hâtai de répondre : Dans la petite cour là bas, vous
trouverez une corde pour cet effet. En même temps je
vous prie de me pardonner si je ne descends pas ; je
ne l'ose pas à cause de ma sciatique, qui me tient dans
ce moment même. Dans le temps qu'il allait prendre la
corde, je descendis pour ménager à la dame l'occasion de
monter, ce qu'elle fit dans le plus profond silence, quoiqu'elle
eût le corps et le visage tout meurtris des coups qu'elle avait
reçus. Lorsque le docteur revint je lui pris la corde, et l'en-
voyai se coucher. J'attachai la mule, et étant remonté, je me
mis dans mon lit, où je trouvai le barbier se plaignant des
morsures du chien, et la dame pleurant amèrement, de son
côté ! Son mari lui en ayant demandé la raison : c'est votre
colère, ce sont vos emportemens qui en sont cause ; car quand
vous vous êtes levé si brusquement et avec tant de bruit, je me
suis réveillée en sursaut et tout effrayée, et dans mon trouble
je suis tombée dans la ruelle, où j'ai donné du visage contre
un tas de choses inutiles qui s'y trouvent, et me suis griève-
ment blessée. Le mari la consola le mieux qu'il put ; et il paraît qu'il y réussit. Car la dame, de son côté, sut prendre son
parti ; et après être sortie heureusement de danger, trois fois

de suite, quoiqu'en dernier lieu elle s'en fût trouvée assez mal, elle ne voulut pas essayer de la quatrième. Quant au garçon barbier, tant les périls qu'il avait courus, que les morsures du chien, le guérirent entièrement de son peu d'amour, et de la vanité secrète qu'il en avait conçue.

Imprimerie de Breitkopf et Härtel à Leipzig.

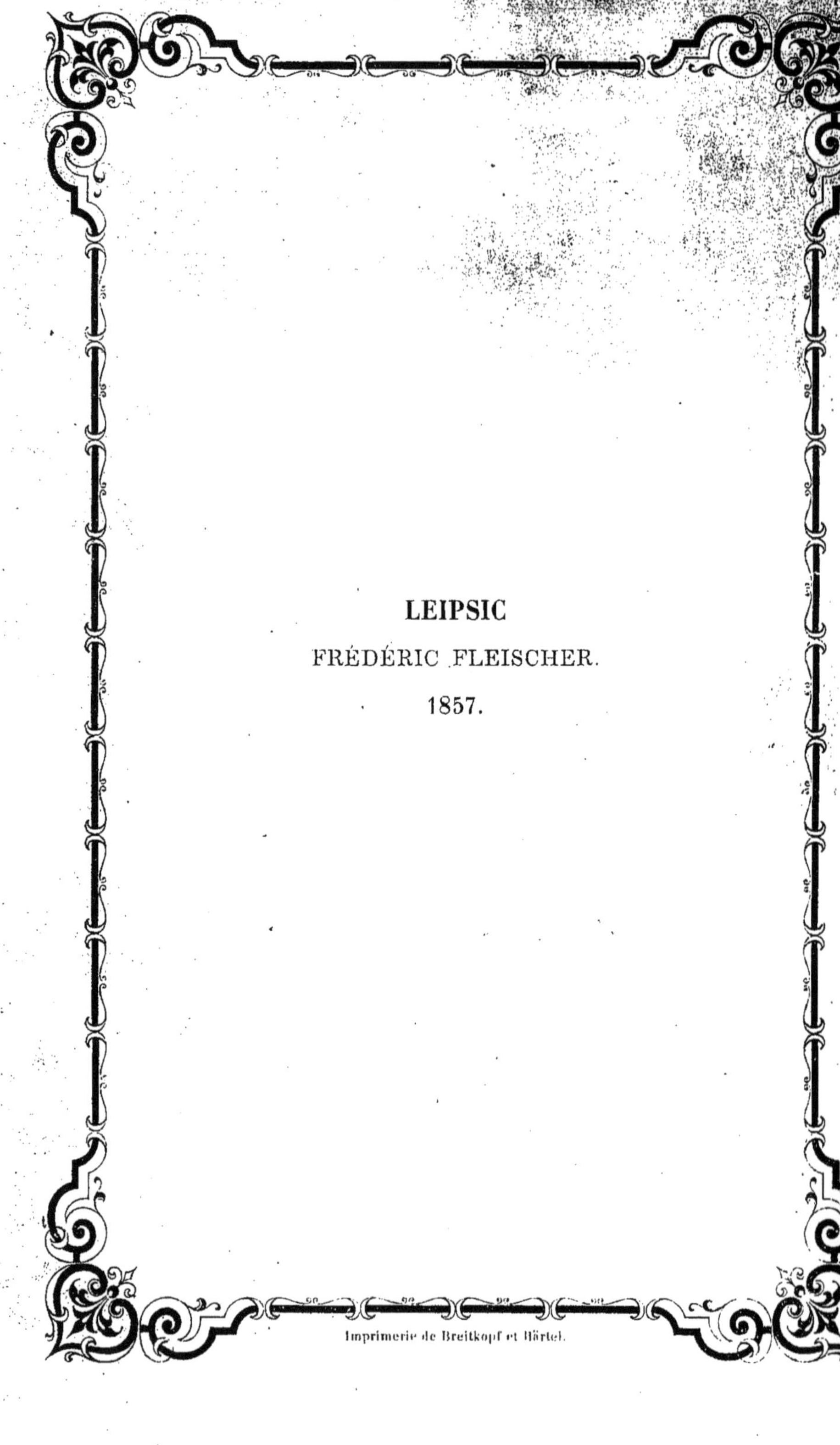

LEIPSIC

FRÉDÉRIC FLEISCHER.

1857.

Imprimerie de Breitkopf et Härtel.

9 782019 258429